ÉTUDE

SUR LES

STATUTS DE MARSEILLE

AU XIIIe SIÈCLE

PAR

R. De FRESQUET,

AVOCAT,

Professeur à la Faculté de Droit d'Aix — chargé du cours de Droit Commercial
à la Faculté des Sciences de Marseille ;
Membre de la Société d'Emulation de Marseille — des Académies d'Aix,
de Toulouse et de Toulon.

AIX.	MARSEILLE.
MAKAIRE, LIBRAIRE,	Ve CRUÈGE, LIBRAIRE,
Pont-Moreau, 2.	rue Saint-Ferréol, 18.

1865.

A

MR GIRAUD,

INSPECTEUR GÉNÉRAL DES FACULTÉS DE DROIT, PROFESSEUR A LA FACULTÉ DE PARIS.

MONSIEUR L'INSPECTEUR GÉNÉRAL,

Voici un travail, où votre nom est cité à chaque page ; permettez-moi de vous le dédier.

Ce n'est pas une œuvre d'érudition comme celles que sait si bien achever mon vieil ami De Rozière, c'est un essai de vulgarisation. On ne connaît pas les statuts de Marseille, même dans leur pays, j'ai cherché à les mettre à la portée des moins savants. Je me suis peu occupé des textes en eux-mêmes, ce qu'il me fallait surtout c'était le sens législatif. et j'espère l'avoir mis suffisamment en relief.

Je vous prie de voir dans cette dédicace un témoignage du souvenir que j'ai gardé de votre bienveillance dans mes concours de 1846 à 1851.

Nous sommes beaucoup que vous avez mené au professorat par vos conseils et vos encouragements : tous, j'en suis sûr, vous en ont conservé une vive reconnaissance, mais aucun d'eux ne pourrait se dire, plus que moi, votre dévoué et affectionné collègue.

R. De FRESQUET.

ÉTUDE

SUR LES

STATUTS DE MARSEILLE

AU XIIIe SIÈCLE

INTRODUCTION

Lorsque nous avons été chargé du cours de droit commercial à la Faculté des sciences de Marseille, nos études se sont naturellement portées sur les monuments juridiques qui touchent à cette grande cité.

Le plus important de tous est, sans contredit, le livre des statuts, publié pour la première fois d'une manière complète, dans l'histoire de Marseille, par MM. Méry et Guindon. Avant eux, un avocat, François d'Aix, en avait donné une sorte d'édition tronquée, sur laquelle M. Pardessus s'exprime en ces termes : « Outre que le texte en est souvent incomplet et inexact au point de rendre plusieurs chapitres inintelligibles, cet éditeur au lieu de s'appliquer à interpréter les mots difficiles, à rappeler les usages anciens, et les causes d'un grand nombre de dis-

Observations : 1° Quand nous citons M. Giraud, c'est le tome II de son *Histoire du Droit Français au moyen-âge* ; 2° Pour le 2e volume de l'*Histoire de Marseille* de MM. Méry et Guindon, la pagination se rapporte à la partie où se trouve le second livre des statuts.

positions dont le caractère est spécial et local, s'est borné à faire un commentaire à la façon du seizième siècle, c'est-à-dire à accumuler les citations les plus inutiles et souvent les plus étrangères au texte qu'il prétendait expliquer. » (Droit maritime, tome 4, page 238). MM. Méry et Guindon le jugent de la même manière.

Malgré l'édition contenue dans l'histoire de Marseille, les statuts sont très peu connus, ils n'ont pas la notoriété des coutumes de Beauvoisis, par Beaumanoir, ou du Conseil de Pierre de Fontaines, ouvrages qui datent également du treizième siècle, et cependant ils contiennent le spectacle, presque complet, d'une organisation municipale qui a une grande originalité.

Si, dans le nord, la féodalité domine partout malgré la création des communes, dans le midi, à Marseille comme dans d'autres cités voisines, on retrouve une organisation municipale qui est à peu près indépendante des seigneurs féodaux. La famille a conservé en grande partie, le caractère qu'elle avait sous la domination romaine ; enfin on voit se développer le droit commercial maritime qui joue un si grand rôle dans nos codes modernes.

Ce n'est pas à dire qu'il faille trop vanter le caractère scientifique des statuts de Marseille ; à côté de dispositions excellentes que les besoins de la pratique avaient inspirées, comme la protection accordée aux étrangers, il y en a d'autres qui prouvent, qu'après tout Marseille n'était pas plus avancée que les villes du nord de la France au point de vue de l'économie politique et de la tolérance religieuse (1). Cependant, malgré bien d'autres occupations, nous n'avons pas pu résister au désir de publier une analyse de cette législation pour la faire connaître, au moment où Marseille était organisée en Répu-

(1) Voir dans les chapitres suivants ce qui concerne : les juifs; les lépreux ; le maximum imposé au salaire des ouvriers ; la défense d'importer ou d'exporter certaines marchandises.

blique municipale sous la souveraineté nominative de ses vicomtes.

Nous n'avons pas l'intention de faire une histoire de Marseille à l'occasion de ses statuts; il est cependant indispensable d'indiquer comment elle est arrivée à l'indépendance municipale. Pour cela, il nous suffira de copier quelques lignes de Ruffi, dans la préface de son travail sur Marseille (1). L'auteur, résumant l'objet des quatorze livres de son ouvrage, s'exprime ainsi :

« Le premier livre parle de la fondation de Marseille, de l'état des Marseillais, de la forme de leur ancien état aristocratique qui a été estimé le plus accompli de tout le monde,... des colonies qu'ils envoyèrent dans diverses provinces, de l'étroite confédération qu'ils eurent avec le peuple romain.

« On verra dans le second que les Marseillais demeurèrent, jusqu'au cinquième siècle, sous la domination des Romains, dont l'empire fut démembré par une infinité de nations étrangères, qui des ruines de ce grand colosse fondèrent plusieurs états, et bien que la ville de Marseille eût résisté au commencement avec beaucoup de valeur aux armes des Wisigoths, lesquels sous la conduite d'Ataulphe s'efforcèrent de la prendre et qu'elles ont contraint ce prince de garantir sa vie par la fuite; néanmoins elle fut forcée peu après de plier sous les armes des Bourguignons, et puis sous celles d'Euric, roi des Wisigoths. De ceux-ci elle passa sous le pouvoir des Ostrogoths et enfin sous celui des Français qui la possédèrent jusqu'au temps de Charles-le-Chauve, empereur et roi de France, qui conçut de si grandes affections pour Bozon, son beau-frère, qu'il lui donna le royaume de Provence où était comprise la ville de Marseille.

« Le troisième livre représente comme quoi sous Rodolphe, ou Conrad son fils, les gouverneurs de Provence qui portaient la qualité de comte, et dont l'autorité n'était

(1) Ruffi. — *Histoire de la ville de Marseille*. Edition de 1696

que pour un certain temps, et sous le bon plaisir de ceux qui les avaient créés, firent dessein de se rendre propriétaires de cet état et de le transmettre à leurs successeurs; et en effet ils donnèrent la ville de Marseille en fief à leurs cadets sous le titre de vicomté, et à la redevance des chevauchées et de la monnaie : et bien que les vicomtes aient possédé cette ville deux cent cinquante ans ou environ, qu'ils aient eu de grands biens dans la Provence, qu'ils aient fait des alliances très considérables, qu'ils aient porté les armes jusqu'en Levant pour la défense de la terre sainte et que les monastères de ce pays ou ailleurs se soient ressentis de leurs libéralités, néanmoins leur mémoire a demeuré tellement ensevelie qu'à peine pourrait-on croire qu'ils aient jamais été... On verra sur la fin de ce livre, les grands secours que les Marseillais donnèrent à la Terre-Sainte, et les récompenses qu'ils en reçurent des rois de Jérusalem. »

« Le quatrième décrit comment les Marseillais, devenus riches et puissants par le moyen de leur commerce, achetèrent la seigneurie (1) de leur ville et formèrent une république composée d'un podestat qui était étranger, d'un nombre certain de conseillers et de cent chefs de métiers. »

« Le cinquième fait mention des traités que ceux de Marseille firent avec Charles d'Anjou auquel ils donnèrent la seigneurie de leur ville sous des réserves contenues dans une convention passée avec ce prince. »

Les statuts dont nous allons nous occuper, se placent dans la période dont traite le quatrième livre de Ruffi. M. Pardessus leur attribue la date de 1252 à 1255, mais on voit dans maints passages, qu'ils ne font que rappeler des institutions existant déjà depuis longues années (2).

Il faut également remarquer que la convention inter-

(1). Sur les divers achats de seigneuries faits par la commune de Marseille, il faut lire l'histoire de MM Méry et Guindon, tome 1, pages 125 à 132.

(2). *Histoire de Marseille* par Méry et Guindon, tome 3, pages 35, 44, 65, 69, *huic statuto de novo addimus,* tome 4, page 126 : *pro ut in statuto veteri continetur*, page 127 : *addimus similiter huic capitulo*..... etc., etc.

venue en 1257 entre les Marseillais et Charles d'Anjou n'a modifié que l'organisation politique de la ville. Quant au droit civil, quant aux institutions commerciales, quant aux modes de translation de propriété, ils sont restés les mêmes, sauf à se modifier par la suite des siècles à Marseille comme dans le reste de la France (1).

D'après MM. Méry et Guindon (tome 2, page 51), les statuts de Marseille auraient été rédigés par Jean Bianchi, Guillaume Botan, Bertrand de Bucco et Guillaume Busselin. Peu importe que cette opinion soit un peu hasardée; ce qui est plus intéressant pour nous, c'est la conservation d'un magnifique manuscrit de 160 pages in-folio, connu sous le nom de *Livre rouge*, à cause de sa reliure. Les historiens que nous venons de citer donnent une description très-pittoresque des vignettes et des lettres enluminées que le temps a respectées, du reste de la chaîne qui servait à fixer le livre sur la table du conseil municipal; nous renvoyons les lecteurs aux pages 50 et 110 du second volume de l'histoire de Marseille.

C'est dans ce manuscrit qu'a été pris le texte des cinq livres que nous allons résumer. Nous avons la conviction que MM. Méry et Guindon ont apporté tout le soin possible à la collection de leur copie, mais malheureusement, ils n'étaient pas jurisconsultes et ils ont laissé passer plus d'une phrase qui aurait demandé des corrections; du reste nous sommes encore heureux d'avoir leur publication, puisque sans cela nous en serions réduits aux élucubrations de François d'Aix.

(1) Voir : Papon. — *Histoire de Provence*, tome 3, page 524.
Ruffi. — *Histoire de Marseille*, tome 1, page 137.
Méry et Guindon. — *Histoire de Marseille*, tome 1, pages 297 et 310.
On lit dans le chapitre 11 de la paix de 1257, une disposition remarquable dont voici la traduction : « Il sera élu annuellement six personnes natives de Marseille, au nombre desquelles se trouveront des jurisconsultes et un notaire pour composer de nouveaux statuts, changer les anciens, ou les augmenter ou les diminuer selon qu'ils le jugeront convenable. » Avec cette institution, les lois de Marseille pouvaient toujours être au niveau des progrès réalisés.

Aux cinq livres du manuscrit officiel, les auteurs de l'histoire de Marseille ont ajouté certaines pièces authentiques dont ils ont fait un sixième livre (tome 4, page 245). Nous nous en servirons surtout pour le droit civil, mais en faisant remarquer par avance que presque toutes ces lois sont postérieures à 1257.

Les statuts sont écrits en latin (1), bien que la langue vulgaire de Marseille fût le catalan tel qu'on le retrouve dans le consulat de la mer, et dans certaines parties même des statuts. Ainsi, dans le titre seize du second livre : De fide instrumentorum, après un assez grand nombre de paragraphes en latin, on rencontre celui-ci : « Capitol que a carta de notari non puesca hom dire, mais causas so es a saber o que sia pagats de deutes, o que la carta sia falsa.... »

De temps à autre, on trouve aussi quelques mots français intercalés dans le texte, on dit : *mercatores en gros* par opposition aux marchands en détail. Il y a également certains mots dont il est difficile d'indiquer l'origine, telle est l'expression : *Bondrons*, dans le chapitre qui contient la défense de charger des marchandises sur le pont des navires.

Comme plan, les livres des statuts sont divisés en chapitres, et chaque chapitre contient des paragraphes non numérotés. Voici à peu près l'ordre suivi dans l'exposition des matières.

1er LIVRE. — Droit public et organisation judiciaire.

2e LIVRE. — Procédure. — Exécution des jugements. — Droit de famille. — Successions.

3e LIVRE. — Contrats entre les particuliers. — Réglementation des métiers.

4e LIVRE. — Droit maritime et police de la navigation.

(1) Il en est de même pour les statuts d'Aix, d'Arles, de Salon, d'Apt (V. Giraud, tome 2.— *Histoire du droit Français au moyen-âge*) et pour presque toutes les chartes du 13e siècle conservées dans le midi de la France (V. Recueil de l'académie de législation de Toulouse, *passim*).

5e LIVRE. — Droit pénal et certaines dispositions de droit international.

Mais il faut bien se garder de prendre trop à la lettre cette classification. Ainsi le chapitre intitulé : *de presumpcione filiationis et paternitatis et matrimonii* se trouve dans le cinquième livre, tandis que certains règlements sur la vente du blé et de la viande sont dans le premier.

On a fait remarquer depuis longtemps que le manque de logique dans les dispositions d'un code, ne présente pas de grands inconvénients pratiques. Le juge cherche le texte qu'il doit appliquer, peu lui importe sa place : dans le Code Napoléon, par exemple, tout le monde reconnaît que la prescription libératoire est un mode d'extinction des obligations, comme le paiement ou la compensation, cependant elle est séparée de ces matières par un millier d'articles, ce qui n'empêche pas les tribunaux de les rapprocher dans leurs décisions lorsque cela est nécessaire.

Mais il en est autrement dans un exposé qui a pour but de faire connaître ce qu'il y a dans une législation ; si nous nous contentions de traduire les statuts dans l'ordre du livre rouge, le lecteur pourrait bien s'approprier quelques détails, mais il ne verrait pas l'ensemble : pour éviter cet inconvénient, nous diviserons notre travail en trois parties subdivisées en chapitres et sections.

1re PARTIE. — Du droit public municipal à Marseille.

2e PARTIE. — Droit civil. — Famille. — Propriété. — Commerce terrestre et maritime.

3e PARTIE. — Procédure civile et Droit pénal.

Avant d'entrer dans les détails, nous devons faire remarquer que les statuts sont uniquement, comme les autres coutumiers du midi, des compléments du droit Romain qui constituait le droit commun de cette partie de la France. C'est ce qui explique pourquoi il y a un grand nombre de matières passées sous silence ou à peine mentionnées dans ces lois ; on renvoie implicitement aux règles du droit écrit : ainsi les théories des hypothèques, du mandat, des servitudes, etc., sont laissées en dehors du livre rouge, parce que le juge aura à aller les chercher dans le *corpus juris* de Justinien, qui a remplacé le Code Théodosien et le bréviaire d'Alaric.

Ceci est une vérité élémentaire ; tout le monde sait que dès le neuvième siècle, la France était divisée en pays de coutumes dans le nord et pays de droit écrit dans le midi.

La cause de cette division est facile à indiquer. Dans le nord de la France, la race germanique dominait, aussi bien par le nombre de ses membres, que par ses mœurs, ses lois et son langage. Dès lors, le droit Romain qui avait commencé à se corrompre dans les municipes où on l'avait adopté, finit par disparaître comme loi territoriale ; il n'exista plus que comme loi personnelle du clergé et de quelques individus d'origine Gallo-Romaine.

Dans le midi au contraire, la population Gallo-Romaine était plus nombreuse que la population germaine, et elle suivait le droit Romain. Loin de chercher à combattre cet état de choses, les Bourguignons et les Wisigoths, pendant leur domination passagère, firent rédiger deux codes pour leurs sujets romains : le *Breviarium Alaricianum* et la *lex Romana Burgundiorum* (1).

Lorsque les Francs eurent fait la conquête de ces contrées, leur domination fut presque nominale ; les guerriers d'origine germanique ne quittèrent pas le nord et les terres qu'ils avaient reçues, pour venir habiter le midi. La population d'origine Gallo-Romaine conserva donc toute sa force homogène avec sa langue et ses lois. Ceci est encore démontré par la différence qui existait entre la féodalité du nord et celle du midi. Pour la première on disait : *Nulle terre sans seigneur* ; pour la seconde, au contraire, la formule était : *Nul seigneur sans titre*, et le Franc alleu, la terre libre, a existé dans la Provence et le Languedoc jusqu'à la révolution de 1789. Dès lors voici ce qui se passa : dans le nord la fusion amena la prédominance de l'élé-

(1) Voir notre précis d'histoire du droit français, pages : 20 à 27.

ment germanique, parce que les Germains étaient les plus nombreux et les plus puissants ; dans le midi la race Gallo-Romaine absorba les quelques hommes de race étrangère, qui étaient restés dans la contrée après la défaite des Bourguignons et l'expulsion des Wisigoths. C'est là ce qui amena la conservation du droit Romain, comme droit de la grande majorité.

Au treizième siècle les cités du midi suivent surtout la compilation de Justinien ; souvent même les rédacteurs des statuts locaux copient textuellement des passages du Digeste; ainsi dans une sentence rendue en faveur des seigneurs de Simiane et destinée à faire loi, les arbitres disent : « ...Dominos de Simyana habere in civitate Aptensi et territorio ejusdem, *merum imperium,* veluti habere *gladii potestatem ad animadvertendum in facinorosos homines.* » (Giraud. 2, p. 138). C'est une copie incontestable du fragment trois au Digeste de jurisdictione, liv. 2, ch. 1. « Merum est imperium habere gladii potestatem ad animadvertendum facinorosos homines. » Cela est du reste tellement connu qu'il est inutile de multiplier les exemples.

En ce qui touche Marseille et les cités qui l'avoisinent, nous allons rappeler quelques monuments établissant l'application du droit Romain, même à l'époque des statuts.

En 1215, la commune de Marseille, dont l'existence comme personne morale est parfaitement admise, achète pour 143,000 sous (1) couronnés, un huitième de la seigneurie appartenant à Raymond Godefroid, Godefroy Reforciat et Bourguignon. L'acte est dressé par un notaire marseillais, Guillaume de Bellemont; on y trouve une série de clauses se rapportant au droit Romain.

1° Le vendeur déclare renoncer à l'exception *non numeratæ pecuniæ* (2).

(1) Le *sou* représentait environ 75 centimes de la monnaie actuelle.

(2). Voir : MÉRY et GUINDON. — tome 1. page 250 — add. tome 1. page 238. acte de 1213 — page 281. acte de 1221 — page 391. acte de 1227. — on retrouve toutes ces déclarations qui sont des clauses de style, prises dans des formulaires comme ceux qui ont été édités avec tant de soins par M. de Rozières.

On sait qu'il suffisait, en droit Romain, de nier l'existence d'une numération d'espèces pour que l'adversaire fût obligé d'établir sa réalité, même quand il avait en mains un reçu signé par celui qui niait. (Instit. liv. 3, chap. 21. Code de Justinien, liv. 4, tit. 30 *de non numerata pecunia*).

La renonciation à l'exception prouve qu'elle existait et qu'il fallait à Marseille une convention expresse pour ne plus pouvoir l'invoquer.

2° Le vendeur ajoute que si la chose vaut au-dela du prix reçu, on considèrera le surplus comme donné : « Et si dicta octavia plus valet dicto precio ut valebit in posterum, illud totum quantumcumque sit ex mera liberalitate nostra, vobis recipientibus et stipulantibus nomine dicti communis et universitatis Massiliæ, donatione inter vivos concedimus et donamus; renunciantes pænitus omni juri per quod convenire possemus contra prædictam donationem et specialiter illi juri quo cavetur quod donatio per ingratitudinem potest revocari... » Il y a là encore une allusion certaine à deux titres du Code de Justinien; le titre de rescindenda venditione, liv. 4, tit. 44, et le titre de revocandis donationibus, liv. 8, tit. 56.

3° L'acte de vente énonce que les vendeurs cèdent « omnes petitiones, persecutiones rei, et actiones reales, personales, mixtas, utiles. » Tous ceux qui ont la moindre notion du droit Romain, reconnaîtront là le vocabulaire des jurisconsultes du Digeste; de même dans les expressions qu'on rencontre un peu plus loin : « reservamus nobis usumfructum aut quasi usumfructum usque ad octo dies tantum proximos... »

4° S'il y a des difficultés elles seront tranchées *ad arbitrium boni viri* (conf. Instit., liv. 2, tit. 18, § 3). Les contractants mentionnent la *restitutio in integrum*. Le serment *tactis sacrosanctis Evangeliis*, qui avait remplacé pour les chrétiens romains le serment *per Jovem lapidem*. (Conf. nov. 123, chap. 7).

5° La femme de l'un des vendeurs (*Ixmilla*, *uxor Raimundi Gaufridi*), vient confirmer la vente en renonçant au bénéfice du sénatus-consulte Velléien, qui défendait à la femme de s'engager pour autrui. (Digeste, liv. 16, tit. 1); à la loi Julia de fundo dotali, qui défendait au mari d'aliéner les biens dotaux de la femme sans son consentement, et même avec son consentement à l'époque de Justinien. (Conf. Digeste, liv. 23, tit. 5. Instit. liv. 2, tit. 8, pr. — Code liv. 5, tit. 13 de rei uxoriæ). Elle renonce également à l'hypothèque légale que Justinien avait établie en faveur des femmes catholiques orthodoxes (LL. 29-30, Code de jure dotium, liv. 5, tit. 12).

Enfin quand on mentionne les témoins, on a soin de faire remarquer qu'ils ont été *rogati* et *vocati*, par opposition à ceux qu'on pouvait prendre à l'improviste, par exemple pour faire des codicilles (v. L. 8, § 3, Code de Codicillis, liv. 6, tit. 36 et la Novelle 73, chap. 1er).

Un autre acte de vente très important à signaler est celui de 1213, dans lequel le seigneur des Beaux transfère à Hugues de fer, la quatrième partie des LESDES (droits sur les denrées) qu'il possédait dans la ville de Marseille (V. Méry et Guindon, t. 1, p. 236). Là on parle des *Prædia urbana, rustica et suburbana*, ce qui est la division Romaine; en cas d'éviction on stipule la garantie; comme il y a plusieurs fidéjusseurs, on les fait renoncer au bénéfice de division *ex epistola Hadriani* (1). (V. Instit., liv. 3, tit. 20, § 4, cum potuerit adjuvari ex epistola divi Hadriani). Enfin la femme du vendeur (Aladacia) vient comme dans l'acte précédemment analysé, renoncer à tous droits contre l'acheteur, et elle énumère les diverses législations sur lesquelles elle pourrait s'appuyer : « Si contra prædicta ut aliquid de prædictis venire possem aliquo jure *scripto*

(1) On retrouve cette renonciation dans un statut de Béranger applicable à la ville d'Aix : « quod si fidejussores aliqui sint vel fuerint qui renunciaverint *novæ epistolæ divi Adriani* vel novæ constitutioni. » (Giraud, 2, page 20). La nouvelle constitution à laquelle on fait ici allusion, c'est le bénéfice de discussion (beneficium ordinis) établi par Justinien (Novelle 4, chap. 1).

aut non scripto, legali aut canonico, divino aut humano, aut consuetudinario, competente et competito illi prorsus renuncio... » (Méry et Guindon, t. 1, p. 241). Ainsi on mentionne dans cette formule, le droit écrit, le droit canonique et le droit coutumier.

Dans une transaction intervenue entre la ville inférieure ou vice-comitale, et la ville supérieure ou épiscopale, on trouve les expressions latines : *Deliquerit aut quasi contraxerit aut quasi deliquerit,* ce qui rappelle les obligations venant : ex delicto, quasi ex delicto, ex contractu, quasi ex contractu. L'église renonce à la restitutio in integrum que les lois des empereurs Romains lui accordaient comme à une mineure (1).

La *procuratio in rem suam,* comme forme de cession de créance, est mentionnée dans un acte de 1224 (Méry et Guindon, t. 1, p. 292). Rostand d'Aubagne cède à la ville de Marseille, représentée par son podestat, Spinus de Surrexina, une créance de 210 livres royales (2) sur Hugues de Baux; « in prædictis omnibus juribus, rationibus, te dictum Spinum de Surrexina nomine dictæ communis et universitatis et per eam recipientem, *ut in rem tuam constituo.* »

Dans un autre acte de 1217, on retrouve les mêmes principes : « constituendo vos procuratores nomine dictæ universitatis *ut in rem vestram* (Méry et Guindon tom. 1, page 392).

En 1225, Raymond des Baux vendant à la commune toute sa juridiction, fait dans l'acte la *stipulatio duplæ* en cas d'éviction (V. Digeste, liv. 21, tit. 2, de evictione et duplæ stipulatione). « Promittimus vobis, nomine dicti communis

(1). Il y avait à Marseille trois cités distinctes : 1° la ville abbatiale qui appartenait à l'abbaye de Saint-Victor; 2° la ville épiscopale, du côté de la major, qui appartenait à l'évêque : 3° la ville inférieure ou vice-comitale qui appartenait d'abord au vicomte, puis ensuite à la commune, c'est à celle-ci seulement que s'appliquaient les statuts (V. Méry et Guindon, tome 1, pages 146 et 152).

(2). La livre royale représentait environ treize francs de notre monnaie.

stipulantibus *Duplam* nomine prædictarum rerum venditarum, si contigeret prædicta omnia, vel aliqua ex eis evinci. » (Méry et Guindon, t. I, p. 295). Dans le même acte on renonce à la rescision de la vente pour lésion de plus de moitié, par dérogation à la loi 2, au Code *de rescindenda venditione*. On déclare renoncer : « lęgi dicenti : donationem non valere ultra *quingentos* solidos absque insinuacione. (V. L. 36, § 3, Code de Donationibus, livre 8, tit. 54 (1). Ce chiffre de cinq cents solides prouve bien que la formule dont se servait le notaire avait été faite d'après la compilation justinienne.

On sait que les jurisconsultes romains avaient divisé la vie de l'homme en diverses périodes. Jusqu'à sept ans on était *infans*, supposé incapable de comprendre les actes juridiques. Les hommes à quatorze ans, les femmes à douze ans étaient *pubères*, depuis cet âge jusqu'à vingt-cinq ans on était *minor*. Ces divisions se retrouvent toutes dans les statuts du midi du treizième siècle. A Arles on lit dans le chapitre 41 : « A pæna autem supra dicta excipimus *infantes*, minores septem annis. » (Giraud. 2, p. 203). Des magistrats de Marseille demandent en 1243 à leur évêque de lever l'excommunication lancée contre la ville vicecomitale ; ils promettent d'obéir à ses ordres, et voici ce que mentionne le notaire Raymond d'Agrimonte : « Et promiserunt omnes supradicti scilicet vicarius, syndici, judices, clavarii, scribæ consiliarii et capita ministeriorum, se effecturos quod omnes cives Massiliæ, a *quatuordecim annis supra*, omnia supra dicta jurabunt. » (Méry et Guindon, tome 1, p. 442). Dans le chapitre 41 du premier livre des statuts de Marseille on distingue encore, à ce point de

(1). L'insinuation des donations a été établie par Constantin (Frag. Vaticana, § 249). Justinien avait d'abord dispensé les donations d'insinuation jusqu'à 300 solides, puis il éleva le taux jusqu'à 500 solides, en exceptant les donations pieuses (*ob pias causas*). (V. Notre traité de droit romain, tome I, page 314). Dans ce même acte de vente on mentionne la loi 23 au code ad S.C. Velleianum qui refuse l'exception à la femme quand elle a profité du contrat.

vue : « personæ majores quatuordecim vel duodecim annis. »

Enfin dans les statuts de Salon on fixe à vingt-cinq ans, la grande majorité, l'âge où l'on peut se marier sans le consentement de ses collatéraux : « Statuimus ut nullus homo, sive mulier de Salone *minor vigenti quinque annis*, non habens patrem vel matrem, accipiat uxorem vel sine licentia sex ex propinquioribus generis sui, quos curiæ duxerit eligendos. » (Giraud 2, p. 259).

Les statuts d'Arles mentionnent la missio in possessionem tædii causa, pour contraindre une personne à comparaître en justice (Giraud 2, p. 186). Le chapitre douze sanctionne le *beneficium competentiæ*, le bénéfice de compétence, en vertu duquel celui qui gagne quelque chose après avoir fait cession de biens, peut garder : « aliquid ne egeat; deducto victu sui et familiæ suæ, illud teneatur solvere creditori (Giraud 2, p. 190 et Instit. liv. 4, tit. 6, § 40).

Nous retrouverons dans le cours de notre exposition : la litis contestatio, le serment de calumnia, la pœna temere litigantium, etc...

Nous ne croyons pas nécessaire de citer d'autres preuves de l'application journalière du droit Romain à Marseille et dans les villes d'Aix, d'Arles, de Salon, de Toulon, etc. Mais ce qui nous paraît extraordinaire, c'est de retrouver dans ces statuts des traces du droit germanique, qui avait été appliqué comme loi personnelle d'origine aux Francs, Wisigoths et Ostrogoths qui s'étaient trouvés dans le midi (1).

Les statuts de Salon admettent une *composition* de cinquante sous pour l'adultère ; si les coupables ne peuvent pas payer on leur fait parcourir la ville en état de nudité : « ambo current vel dent quinquaginta solidos uterque. »

(1) Sur les lois personnelles chez les Germains, voir notre précis d'histoire du droit Français, pages 24 et suivantes.— De Savigny.— *Histoire du droit Romain au moyen-âge*. tome 1, page 89 et Klimrath. tome 1. page 342.

Dans les formes de la cession de biens, il semble qu'on retrouve un souvenir de la *chrenecruda* de la loi salique (tit. 61), où celui qui ne pouvait pas payer le vergheld devait quitter sa maison : « in camisia, discinctus, discalceatus, palo in manu supra sæpem salire. » Dans les statuts de Salon on lit : « Si aliquæ personæ propter inopiam bonis suis cesserint in curia nostra, nudi in camisia et bracciis, nullum velamen in capite seu facie portantes, cedentes bonis sine fustigatione aliquæ, præcone præcedente cum tuba currere teneantur. » (Giraud 2, pages 258 et 262).

A Marseille, le meurtrier fugitif peut rentrer dans la ville : « si primum composuerit de prædicto maleficio cum quatuor vel quinque de propinquioribus dicti interfecti vel mortui, et nisi similiter primo, solverit vel alius pro eo *bannum*, in quo positus erit pro dicto commisso a rectore; vel consulibus, vel communi Massiliæ. » (Méry et Guindon, t. 4, p. 184). C'est précisément ce qu'on retrouve dans les capitulaires, la famille reçoit le wergheld, et le bannum (l'amende) est payé au roi, remplacé ici par la commune (1).

(1) Nous devons rappeler que le *bannum* est une institution purement carlovingienne, on ne le mentionne pas avant cette période, mais on le trouve dans les additions à la loi Salique (V. Canciani, tome 2, page 173, § 11 et 175, § 4). La loi des Frisons contient, il est vrai, un chapitre intitulé : *Hic bannus est*, mais cette loi a été très-probablement rédigée sous Charlemagne ; du moins il est certain que les textes qui nous restent ont été recueillis sous ce prince. Il faut de plus remarquer que, dans ce chapitre, le *bannus* se confond avec le *fredum*, qui était une partie de la condamnation attribuée au roi (V. Grégoire de Tours, liv. 4, tit. 26). Il faut définir le *bannus* : une amende due au roi ou au seigneur quand on commet un acte défendu : V. Capitul. de 819 pour un homme tué. — Canciani, tome 3, page 199.

PREMIÈRE PARTIE.

Droit public et Administration municipale

TITRE PREMIER.

Des Magistrats et des Conseils de la Commune.

CHAPITRE Ier.

Des Fonctionnaires représentant le Vicomte seigneur suzerain.

Les statuts de Marseille tels que nous les représentent le livre rouge, sont une charte semblable à celles intervenues dans plusieurs régions de la France, entre les seigneurs et les communes. Cela est établi par le préambule qui précède les chapitres numérotés.

Le vicomte est, d'après le texte, Louis deuxième, roi de Jérusalem et de Sicile, duc d'Apulie, d'Anjou, de Forcalquier, etc. Sa femme est la comtesse Béatrix.

Il est représenté à Marseille par un VICARIUS. Ce vicarius, *viguier*, doit prêter deux serments : « Primo in consilio generali Massiliæ ut moris est congregato, et postea in primo publico parlamento civium et hominum Massiliæ universaliter ad sonum campanorum, more solito congregato. » D'abord dans le conseil général réuni selon la manière accoutumée et ensuite dans le premier parlement des habitants de Marseille tous réunis comme d'habitude, au son de la cloche (1).

Le serment a lieu : « ad sancta Dei Evangelia ab eo corporaliter tacta. » Nous avons déjà remarqué que cette

(1). Nous retrouvons plusieurs fois ces assemblées de tout le peuple Marseillais, mentionnées dans les statuts. Elles ne paraissent pas avoir une grande initiative ; leur rôle est d'approuver ce qui a été fait, ou de recevoir certaines communications, comme le serment du viguier.

forme de serment se trouve dans la compilation de Justinien (V. L. 2, Code de jurejurando prop. calum., liv. 2, tit. 59).

Le viguier jure :

1. De gouverner sans fraude; de défendre Marseille et tous ceux qui résident dans la ville ou ses faubourgs soit au point de vue de leurs personne, soit au point de vue de leurs biens; 2. de ne rien faire qui puisse porter atteinte aux droits de la cité ou des citoyens, mais au contraire de respecter leurs libertés, immunités et franchises. De ne jamais violer la paix jurée entre le roi Charles, la comtesse Béatrix sa femme et la ville de Marseille.

3. De ne pas divulguer les secrets concernant la ville.

4. De faire bonne justice aux citoyens, aux marchands et aux pélerins qui viendront se plaindre à lui; de même pour les juges et les autres officiers, en leur appliquant le droit et surtout les statuts de Marseille faits ou à faire pendant ses fonctions.

5. De poursuivre de tout son pouvoir les Vaudois hérétiques et tous les ennemis de la foi qui tomberont en son pouvoir.

6. De faire observer les proclamations par lui ordonnées dans Marseille; sauf la volonté du Conseil général ou de la majorité de ses membres.

7. De ne recevoir aucun don pendant ses fonctions, si ce n'est des chiens ou des oiseaux pour la chasse; des choses qui se mangent ou qui se boivent (ad esculentum vel poculentum) pourvu que ces objets ne vaillent pas plus de cinq sous. Le principe est le même dans les statuts d'Arles, chapitre 175 (V. Giraud, 2, page 241).

A l'expiration de ses fonctions, le viguier devait rester quinze jours (1) continus dans Marseille, afin que l'on pût l'accuser de malversation.

(1) Cette obligation de séjourner un certain laps de temps, dans la localité administrée remonte au droit Romain. D'après Zénon, les juges doivent rester cinquante jours dans la ville où ils ont rempli leurs fonctions (loi 1, Cod. ut omnes judices, livre 1, titre 49 — add. pour les présidents des provinces, Nov. 8, chap. 9).

Dans une ordonnance de 1254, chap. 31, on impose cela aux baillis et séné-

Ruffi, dans le tome 2, page 219, de son histoire, donne la liste des viguiers depuis 1120 jusqu'en 1682. A l'époque dont nous nous occupons, on trouve, en 1249, Arnaud de Marmande, et, en 1257, Raymond de Candole.

Au-dessous du viguier il y avait le SUB-VICARIUS (sous-viguier). Il prêtait serment après le viguier, *inconti-nenti et in eodem loco*. D'après son serment, il doit exécuter, avec bonne foi, les ordres du viguier; il ne fera rien contre Marseille ou ses citoyens; il gardera le secret sur les affaires publiques ou privées; il ne recevra pas de dons, pendant ses fonctions, sauf encore les chiens, les oiseaux et les victuailles, mais seulement jusqu'à la somme de trois sous.

Remarquons que le viguier doit se faire relire la teneur de son serment, quatre fois par an, en audience du Conseil général. Le sous-viguier se fait faire la même lecture par un des notaires de la ville. (MÉRY et GUINDON, tom. 2, pag. 116-118).

On voit que les fonctions des représentants du vicomte sont peu actives; ils ont pour mission de conserver le principe de suzeraineté féodale, mais l'administration de la commune réside réellement dans les mains des magistrats municipaux.

CHAPITRE II.

Des Magistratures municipales de Marseille.

Avant d'entrer dans les détails de l'administration municipale de Marseille, il est utile de faire remarquer quels étaient les principes généraux contenus, sur cette matière, dans les statuts.

La vénalité des offices est prohibée « quod nullus offi-

chaux, mais ils peuvent laisser un procureur à leur place. Beaumanoir dit qu'en Beauvoisis le délai est réduit à 40 jours (chap 1, § 41 de l'office aux baillis).

cium habeat pro pecunias» (liv., 1, chap. 60). C'était un progrès sur les lois de l'Empire Romain où déjà beaucoup de fonctions publiques étaient achetées et vendues. On lit dans le Code Théodosien, liv. 12, titre 1 : «quoniam *emptæ* dignitatis obtentu curias vacuefactas esse non dubium est. » (1).

Celui qui cherchait à acquérir une fonction publique à prix d'argent, était déclaré incapable, pendant dix ans, de toute participation aux droits politiques. Les sommes données étaient restituées au double, au profit de la commune par celui qui les avait reçues ; on infligeait une amende de vingt livres à celui qui les avait comptées.

Nous avons déjà remarqué la division de Marseille en trois cités distinctes ; il était interdit à tout citoyen de la ville vice-comitale d'accepter les fonctions de bailli, sous-bailli, juge ordinaire ou juge d'appel dans la ville épiscopale (ville supérieure), sans la permission du recteur et du Conseil général. (Stat. liv. 1, chap. 64). On condamnait le contrevenant à cent marcs d'argent, de plus on l'excluait pour dix ans de toute fonction publique. Ici, comme dans bien d'autres cas, la sentence était rendue par le recteur ou les consuls ; ces deux expressions indiquent la même magistrature. Nous retrouvons, en effet, dans un nombre de textes très-considérable, cette alternative de dénomination ; *rector vel consules* ; on se servait de cette dernière expression quand plusieurs recteurs agissaient ensemble. C'était un vieux souvenir du langage usité lorsque Marseille comptait parmi les citées alliées de Rome (*civitates* liberæ ac fœderatæ).

En principe, toutes les charges municipales ne duraient qu'une année, et les fonctionnaires sortant ne pouvaient être réélus qu'après avoir laissé écouler le même délai. (Stat. liv. 4, chap. 55 — liv. 1, chap. 9) « quicumque fuerint, quocumque functo fuerint officio, annis singulis

(1) Add. le commentaire de Godefroy sur le code Théodosien, aux lois 25. 26, 27 du titre de Decurionibus, liv. 12, tit. 1. — On sait que dans le nord, au 13e siècle, la vénalité existait pour certaines charges de judicature comme les prévotés et vigueries (Loyseau traite des offices, livre 3, chap. 1, n° 67).

penitus commitentur, ita quod aliquis prædictorum officialium non possit reverti vel statui in aliquo prædictorum officiorum nisi ad minus abstinuerint et per unum annum de omnibus et singulis supra dictis officiis » (1).

On ne peut pas remplir deux fonctions communales à la fois.

Il est défendu aux fonctionnaires d'acheter des créances contre la commune, et de se rendre adjudicataire des divers revenus, ou gabelles, mis aux enchères publiques. On ne veut pas que ces personnes puissent se trouver dans la position d'avoir à opter entre leur propre intérêt et celui de la commune.

Tous les Marseillais sont admissibles aux fonctions publiques, pourvu qu'ils réunissent certaines conditions d'âge, de fortune et de domicile, qui ne sont pas toujours les mêmes comme nous le verrons bientôt.

Les statuts donnent une haute opinion de la manière dont la commune se montrait jalouse de ses libertés et de son indépendance.

Le chapitre 67 du premier livre contient la défense de ne jamais proposer, dans aucun Conseil, de soumettre les citoyens à la douane maritime *(tabula maris)*, à peine de cent sous d'amende contre l'auteur de la proposition. Le recteur qui l'aurait appuyée, ou qui aurait seulement toléré qu'on la présentât, serait condamné à payer cent marcs (2) d'argent à la commune. Ailleurs (liv. 3, ch. 32), il est interdit à tout Marseillais, juif ou chrétien, de prêter à personne, bourgeois ou chevalier, le serment de vassalité. Tout acte contraire est nul, sans valeur ; le tabellion qui l'aurait dressé, et l'auteur du serment devraient chacun dix sous d'amende.

Enfin, pour éviter toute atteinte « *libertatibus et franchisis ipsius civitatis* » à ces libertés que les anciens seigneurs avaient fait payer si cher, les statuts excluent à jamais des fonctions municipales ceux qui ont eu sei-

(1) L'obligation de changer tous les ans les fonctionnaires, ne s'appliquait pas : aux membres du conseil général, aux cent chefs des métiers et aux notaires-greffiers employés soit au palais soit à la claverie.

(2) Le marc d'argent représentait environ 52 francs de la monnaie actuelle.

gneurie sur Marseille, et leurs descendants. « Nec possit esse vicarius, vel subvicarius, vel bajulus, rector aut consul ejusdem civitatis. » (Liv. 1, chap. 16). Cette défiance était fondée ; l'expérience a démontré souvent, combien il est dangereux de remettre une partie de l'autorité à ceux qui prétendent avoir le droit de l'exercer toute entière.

Les magistratures marseillaises sont électives ; il n'y a que peu d'exceptions à cette règle et pour des fonctions sans importance.

Les élections présentent un caractère tout à fait spécial ; on procède par une série de délégations que nous allons examiner.

SECTION Ire. — Des Élections.

(Stat. liv. 1. chap. 8e).

Chaque année, trois jours avant la fête de la Toussaint, on nomme le Conseil général et les officiers de la commune. Pour cela, les syndics, les clavaires, les chefs de métiers de semaine, et enfin un notaire, avec une autre personne choisie par eux, jurent d'agir en gens de bien, sans fraude, sans obéir à la haine ou à l'amitié, en dehors de toute influence de parenté, etc... Alors ils choisissent douze citoyens honnêtes de la ville vice-comitale ; ils en prennent deux dans chacun des six quartiers de la ville (per sexena ejusdem civitatis) (1).

Les douze élus prêtent serment, et ils désignent 71 conseillers qui formeront avec eux le grand Conseil composé de 83 membres.

Les Conseillers peuvent être pris parmi ceux qui étaient en fonction l'année précédente, où bien parmi les chefs de métiers, ou enfin parmi les Marseillais habitant les six quartiers de la ville, pourvu qu'ils réunissent les conditions suivantes : 1° avoir à Marseille, ou dans son territoire une fortune de 50 marcs d'argent. 2° Habiter la ville

(1) Il y avait : 1° le Sizain de Saint-Jean ; 2° le Sizain des Accoules ; 3° le Sizain de la Draperie ; 4° le Sizain de Saint-Jacques ; 5° le Sizain de Saint-Martin ; 6° le Sizain de la Calade (Ruffi, tome 2, page 244).

depuis au moins cinq ans. 3° On ne peut prendre plus d'un Conseiller par famille.

Pendant l'élection, les douze sont renfermés dans une des salles du Palais municipal, ils ne peuvent se séparer qu'après avoir fini leurs opérations.

Dès ce moment l'ancien Conseil est dissout, il ne doit plus se réunir que pour venir recevoir le serment des nouveaux Conseillers, dont les noms seront proclamés le même jour ou le lendemain en présence du recteur et des semainiers convoqués par les huissiers de la commune.

Les douze électeurs ont encore une autre mission; après avoir choisi le grand Conseil et avant de se séparer ils nomment *sept* personnes : trois des nouveaux Conseillers et quatre des nouveaux chefs de métiers.

Ces sept personnes sont convoquées *secrètement* au Palais municipal, dont les *douze* ne doivent pas s'éloigner tant que les *sept* n'ont pas juré devant le recteur et les semainiers de nommer tous les fonctionnaires municipaux de Marseille.

Après ce serment, les sept sont enfermés avec un notaire-greffier, et ils ne peuvent sortir qu'après avoir achevé l'élection.

Les officiers sont inscrits par le notaire sur une feuille de papier; on appose à la liste le sceau de trois électeurs au moins et celui de la commune. Les nominations restent secrètes jusqu'à la lecture qui en est faite publiquement, le jour de la Toussaint avant midi. A ce moment les syndics et les clavaires jurent que les chefs de métiers de semaine, n'ont pas quitté le Palais où étaient les douze, jusqu'à la fin des élections.

Certaines fonctions ne durant que trois ou quatre mois, comme l'inspection des moulins, les premiers inspecteurs étaient nommés par les sept et les autres par le recteur, les clavaires et les semainiers. (Statuts liv. I, chap. 55).

Nous ne connaissons pas l'origine de ce mode d'élection; il est remarquable que dans une ville où les sentiments démocratiques paraissent si développés, on n'ait pas eu la pensée de recourir à l'élection directe et par le suffrage universel (1).

(1) A Toulon, ville voisine de Marseille, les élections étaient confiées au com-

SECTION IIe. Magistrats municipaux.

1° Du PODESTAT (1).

Au moyen-âge un grand nombre de cités italiennes et du midi de la France avaient adopté une forme de gounement assez curieuse.

Elles allaient chercher à l'étranger, surtout en Italie, le gouverneur suprême de la Cité et on lui confiait la puissance, *Potestas*, ce qui a donné lieu à la traduction de PODESTAT.

On pensait que la qualité d'étranger assurait l'impartialité du gouverneur entre les diverses factions qui divisaient presque toujours les cités municipales.

Les statuts de Marseille ne contiennent pas de chapitres spéciaux sur les Podestats, mais ils en font mention comme existant à peu près à l'époque de leur rédaction officielle. On lit, en effet, dans le liv. 2, chap. 16 : *de Fide instrumentorum* : « Est autem sciendum quod anno dominicæ incarnationis currente MCCLII, pridie Kal. Feb. existente domino Lantelmo Prealono *Potestate* Massiliæ, capita

mencement du 14e siècle, à tous les chefs de famille ; ainsi en 1314 l'élection du conseil municipal est faite par 233 chefs de familles. Seulement ici l'élément aristocratique se manifeste : sur douze membres il y a quatre seigneurs et huit bourgeois plébéiens. Les quatre seigneurs sont : Guillaume de Saint-Pierre, Raymond Fresquet (notre aïeul), Amilhau jeune et Bérengier de Gardanne. Les huit bourgeois sont : Rodulphe de Colino, Jean Adam, Aycard Pavés, Etienne de Ulmet, Raymond Calafat, Raymond Boet, Guillaume Maitre et Bertrand Bataille (Teissier, archives de Toulon p. 92). En 1354, on convoque tous les hommes âgés de plus de quatorze ans pour créer et nommer les conseillers et autres officiers de la commune.— A l'unanimité et sans opposition aucune les citoyens présents, agissant en leur nom et au nom des absents, ont élu : les nobles Hugues d'Oliolis, Isnard Fresquet, Rostand Fresquet et Raymond, jeune damoiseau, et le seigneur Jacques Clapier, jurisconsulte, Nicolas de Paris, Guillaume Boéri, Hugo Pélissier, Pierre Isnard de Burgues, Jean Adam, Aycard Gros, et Antoine Siguier, notaire (Teissier, archives de Toulon, p. 113). Cette différence dans les élections entre deux villes si rapprochées, montre combien les organisations municipales variaient dans notre pays. C'est du reste une vérité dont on se convainc en lisant les diverses chartes du treizième siècle que nous possédons encore ; mais il y a peu de villes où l'élément féodal soit aussi effacé que dans les statuts de Marseille.

(1). Sur les Podestats, voir le livre de notre ami de Séranon, LES VILLES CONSULAIRES, p. 59 et suiv.

ministeriorum illius anni fecerunt statui in consilio generali... » Il y avait donc un podestat à Marseille en 1252, mais il ne paraît pas qu'il y en eût en 1255 ; du moins on ne le mentionne nulle part. (1).

Les fonctions du Podestat étaient aussi nombreuses que variées ; voici ce qu'en dit Ruffi dans son histoire de Marseille, liv. 12, chap. 2, n° 3. « Les podestats avaient la direction de la justice pour l'administration de laquelle ils mettaient des juges. Ils avaient aussi la conduite de la guerre et des affaires de la paix, ainsi que les anciens Consuls Romains.

Le podestat de Marseille qui devait être étranger était presque toujours Italien, la communauté lui donnait des gages fort considérables, car par un titre de 1246, il est justifié que le podestat avait 1,800 livres couronnées, et 37 livres de la même monnaie pour le louage de sa maison et le bois qu'on y consommait. » Ce que Ruffi appelle des gages considérables formait une somme d'environ 5,511 francs, ce qui ne serait pas aujourd'hui un traitement bien élevé.

Le même auteur raconte (liv. 4 chap. 2, § 5) que la ville de Marseille, ayant acheté des seigneuries, l'investiture avait lieu en la personne des podestats. Dans le chapitre suivant, il montre Spinus de Sorresina, Podestat tout à la fois de Marseille et d'Avignon, jurant l'observation d'un traité de paix entre cette dernière cité et son vicomte (Conf. Méry et Guindon tom. 1, pag. 310.)

On connaît peu de noms des Podestats, les auteurs ne citent que les suivants :

1223-1224. Reforciat.
1224-1225. Jacques Carlavaris de Orzano.
1225-1226. Spinus de Surrexina ou Sorrezina.
1226-1227. Hugolin.
1227-1228. Robertus.
1228-1229. Marratius. de St-Nazaire.

Il faut ajouter Lantelmus, mentionné en 1252 comme nous l'avons vu ci-dessus.

(1) Papon, *Histoire de Provence*, tome 3, page 522, mentionne un podestat en 1222.

Il est fort probable que Marseille devenue à peu près indépendante, n'employait plus les podestats, mais bien les *recteurs* ou *consuls*, ce qui est à notre avis la même magistrature.

2° Les Recteurs.

Le premier chapitre des statuts est intitulé « *De officio et juramento rectoris civitatis.* » Il semblerait en résulter qu'il n'y avait à Marseille qu'un recteur, mais cette opinion ne serait pas exacte, la vérité est que le nombre des recteurs n'était pas invariable, on le déterminait selon les circonstances. D'après Ruffi, il y avait toujours au moins deux recteurs en fonctions; quelquefois trois, cinq, douze même. On en trouve quatre dans la vente faite, en 1216, par Raymond Geoffroy à la commune, d'une partie de ses droits féodaux. Il y en a cinq dans un acte de 1213; on en compte onze dans une transaction de 1216, entre la ville vice-comitale et la ville épiscopale (v. Méry et Guindon tom. 2, pag. 232,250-260 — Add. Papon, tom. 1, pièces justificatives p. 46-47 où il cite des actes dans lesquels on voit figurer sept et neuf recteurs).

Voici d'après les statuts les fonctions de ces magistrats:

Ils prêtent deux serments; le *premier*, dans la salle verte du Palais de la commune en présence du Conseil général et des chefs des métiers; le *second*, dans le premier Parlement des hommes de Marseille, réunis suivant la coutume au son de la cloche. (Statuts liv. 1, chap. 1er). La forme du serment est toujours: « Tactis Sacrosanctis Evangeliis. »

Au fonds le recteur jure: de faire justice à tous les citoyens pour leurs personnes et pour leurs biens; de garder religieusement les statuts faits et à faire qui ne seront pas en opposition avec la paix jurée au roi Charles...

Les énonciations sont à peu près les mêmes que pour le viguier représentant le vicomte, mais il a en outre à surveiller les receveurs municipaux appelés *clavaires*: on confie à sa vigilance la conservation des franchises et immunités de la ville ; il doit accueillir et protéger les étrangers, leurs familles et leurs biens.

On lui demande de n'entraver en rien les fonctions des chefs des métiers, ni les délibérations du grand conseil, qu'on lui enjoint de réunir immédiatement, si les semainiers veulent faire quelque acte qu'il n'approuve pas.

Il va sans dire, que les hérétiques et Vaudois, seront poursuivis en vertu du même serment, « pro posse suo firmiter intra terminos suæ jurisdictionis. »

Comme le viguier, le recteur est incapable de recevoir des donations, sauf des oiseaux et des chiens de chasse, des victuailles jusqu'à la valeur de cinq sous. On trouve encore une autre défense très-originale, dans le livre 5, chap. 43, intitulé : « de non accomodando lectos vel pannos rectori, vel aliis de familia sua. » Le recteur ne doit forcer personne (juif ou chrétien) à lui prêter des lits ou leurs garnitures. Celui qui cède aux prières ou aux menaces du recteur, paie une amende de 10 livres, dont on attribue la moitié à la commune et l'autre moitié au dénonciateur. Nous retrouverons souvent ce partage des amendes avec celui qui se fait l'auxiliaire volontaire de la police.

Les statuts contiennent l'ordre pour le recteur, de se faire relire le statut résumant ses devoirs, tous les trois mois, dans le grand conseil. A la fin de ses fonctions, on lui impose comme au viguier de rester quinze jours continus dans la ville, pour que tout le monde puisse l'attaquer s'il y a lieu.

3° LE SOUS-RECTEUR.

(Stat. liv. 1. chap. 2).

Le sous-recteur, jure en même temps que le recteur, dans le grand conseil, de bien et fidèlement remplir ses fonctions ; d'observer les statuts de Marseille ; d'aider le recteur en toutes circonstances : de ne pas recevoir de dons, si ce n'est des oiseaux, des chiens de chasse, et des victuailles, jusqu'à une valeur de trois sous.

Un notaire lit tous les trois mois au sous-recteur la formule de son serment.

4° LES SYNDICS.

(Stat. liv. 1. chap. 11).

Il y a deux syndics nommés tous les ans dans la forme que nous avons expliquée en parlant des élections ; ils ne peuvent entrer en fonctions, qu'après avoir juré de bien et loyalement agir sans écouter la haine ni l'affection.

Leurs fonctions consistent à agir pour la ville, *pro populo* comme on disait à Rome ; ils figurent dans toutes les contestations qui concernent l'être moral, soit qu'on l'attaque, soit qu'il s'agisse de revendiquer les biens qui ont été aliénés ou usurpés depuis moins de douze ans (1). Cependant ils doivent éviter de jeter la ville dans des procès qui pourraient troubler la paix publique ; et là les statuts rappellent un fait d'histoire locale qu'il est impossible de développer : « ut puta occasione domorum quæ sunt intra litus portus et viam inferiorem Massiliæ vel pro aliqua earum domorum. »

Il est dressé procès verbal par acte notarié de leur entrée en fonctions, de la prestation de leur serment, et tous les mois ils doivent se faire relire les statuts qui les concernent.

On recommande aux syndics de faire juger dans le mois les procès de la commune ; s'ils sont négligents, le recteur les destitue en prenant l'avis tant du conseil général que des chefs de métiers et il en nomme d'autres pour la fin de l'année.

Les syndics se rendent au palais municipal quand ils le croient utile et quand ils sont convoqués par le recteur ou les semainiers. Ils reçoivent, de concert avec les clavaires ou l'un deux, le compte des dépenses faites par les envoyés de la commune, dans les dix jours de leur retour.

C'est qu'en effet les ambassadeurs n'étaient pas toujours payés de la même manière (v. statuts, liv. 5, chap. 11). Ordinairement, on donnait aux envoyés quatre

(1) Il résulte de ce texte que les biens communaux de Marseille ne pouvaient pas être aliénés, et que cependant après douze ans les détenteurs étaient maintenus en possession. — Ce délai de douze ans est tout à fait local.

sous par jour pour la dépense de leurs domestiques, de leur logement, de leur nourriture etc. Ils avaient cinq bêtes de somme pour les transports, s'ils étaient deux, huit s'ils étaient trois, et dix s'ils étaient quatre... Mais quelquefois les dépenses étaient fixées *ad arbitrium rectoris*; on comprend dès lors comment les ambassadeurs pouvaient avoir à rendre compte des sommes qui leur avaient été confiées (1).

Tous les quatre mois, les syndics, assistés de six membres du grand conseil et de six chefs de métiers, se faisaient rendre, par les clavaires, un compte général des dépenses et des recettes de la commune.

Pour assurer les droits de la cité, les syndics doivent rechercher et faire rechercher tous les titres la concernant (v. statuts, liv. 5, chap. 15). « Decernimus quod omnes syndici communis Massiliæ, inquirunt diligenter, vel faciant diligenter inquiri vel recolligi omnes cartas et instrumenta omnia quæ pertinent vel pertinere videbunt ad commune Massiliæ. » Il faut les faire copier par un notaire sur deux registres en parchemin, et les collationner tous les ans pour voir s'il n'en manque pas quelques-uns.

Les syndics font établir sur un autre cartulaire, l'état de tous les revenus de la commune comme : droits sur les boucheries, sur les grains, sur les poissons, etc.

Enfin on leur impose l'obligation de dresser la liste de tous les notaires de Marseille, en mentionnant le jour de leur nomination et de la cessation de leur fonctions.

Pour tenir toutes ces écritures ils on un greffier choisi par le recteur et payé par la ville.

Les syndics ne peuvent recevoir des dons qu'en victuailles jusqu'à la valeur de douze deniers royaux.

Leur salaire est de vingt livres par an, on les paie de trois mois en trois mois (stat., liv. 1, chap. 68). Mais ils doivent avoir un cheval : « unum palafredum ad honorem suum et communis Massiliæ. » S'ils ne l'ont pas, ou si ce

(1) Dans les statuts d'Arles on détermine également les sommes payées aux ambassadeurs suivant qu'ils ont à voyager par terre ou par mer, chap. 77-78 (Giraud, 2, p. 214-215)

n'est point : « bestiam sufficientem ad equitandum, praedictum salarium pro illo anno adimatur. » On leur supprime les gages de l'année.

5° LES CLAVAIRES.

(Stat. liv. 1. chap. 12).

Les clavaires sont les receveurs municipaux de Marseille et en même temps les percepteurs des droits de douane ; ils ont en outre la charge de conserver les registres contenant les revenus de la ville, dressés par les soins des syndics.

On nomme tous les ans (1) trois clavaires qui jurent sur les évangiles, dans le conseil général : « quod obventiones tabulæ maris et cœterarum archarum clavariæ et omnes alios reditus et obventiones, et intratas et aventuras communis Massiliæ accipiant.....»

Les produits des douanes devaient être portés sur les registres dans la claverie même, en présence des marchands qui les payaient ; on ne pouvait ni leur faire crédit, ni leur accorder aucune diminution de droits. Défense était faite aux clavaires d'ouvrir clandestinement leur caisse, ou de prêter de l'argent à quelqu'un ; ils recevaient les cautionnements en argent imposés dans diverses circonstances que nous retrouverons plus tard.

Les infractions commises par les clavaires à leurs devoirs étaient dénoncées aux semainiers et au recteur ; bien que les statuts soient muets sur ce point, nous pensons que le recteur avait le droit de les destituer comme les syndics. Il est évident qu'on ne pouvait pas maintenir dans leurs fonctions des clavaires prévaricateurs, et comme les élections, avec leurs formes compliquées, n'avaient lieu que tous les ans, il fallait bien que l'administion de la commnne put nommer des fonctionnaires intérimaires.

A l'expiration de l'année, les clavaires rendaient à leurs

(1) Au 14e siècle à partir de 1302, on laissa les clavaires en fonctions pendant deux ans.

successeurs tous les titres et cartulaires qu'ils avaient reçus, en présence des deux notaires chargés de rédiger les registres dont nous avons parlé. On collationne les titres de la commune, un par un, (carta per cartam). Toutes ces pièces sont renfermées dans un lieu sûr et secret, sous deux clefs dont l'une reste entre les mains des clavaires et l'autre dans celle des notaires qui tiennent les écritures. Si ces formalités avaient été toujours observées, on aurait conservé d'immenses richesses historiques, qui ont été perdues par défaut de surveillance.

Les clavaires font leurs recettes en présence du notaire-greffier, qui en tient l'écriture ; ils rendent leur comptes aux syndics tous les quatre mois ; ils ne peuvent recevoir en don que des victuailles valant douze deniers au plus.

Leur salaire est de vingt livres par an avec obligation d'avoir un palefroi pour faire honneur à la ville, sous peine de perdre le traitement qui leur est alloué.

Tels sont les magistrats de l'ordre administratif dans la commune de Marseille. Nous devons nous occuper maintenant des conseils fonctionnant à côté d'eux pour surveiller et quelquefois diriger leur conduite.

CHAPITRE III.

Des Conseils et Assemblées de la commune de Marseille.

1° DU GRAND CONSEIL.

(Stat. liv. 1, chap. 8).

Nous savons comment on nomme les quatre-vingt-trois membres du grand conseil. On doit y faire entrer trois jurisconsultes savants et loyaux, domiciliés à Marseille, pour donner leur avis au recteur et à la commune pendant toute l'année.

Les conseillers jurent, sur l'évangile, de donner des avis au viguier de la ville de Marseille, soit sur sa demande soit de leur propre mouvement. Ils doivent garder le secret des délibérations et se rendre au palais municipal quand on sonne la cloche pour les rassembler, ou quand on leur envoie des messagers, s'ils sont hors de la ville; sauf s'ils ont des excuses fondées sur leur santé, sur la permission du recteur, ou sur des circonstances tout à fait fortuites; par exemple : s'ils sont à la messe, à une noce, à un enterrement; mais dès que la cérémonie est terminée, ils doivent se rendre au conseil.

Celui qui néglige, sans excuse, d'obéir à la convocation paie une amende de deux sous; le conseiller qui arrive quand la délibération est commencée, paie seulement douze deniers.

La révélation des décisions prises dans le conseil de la commune, entraîne une pénalité qui est fixée arbitrairement par le recteur et les conseillers : « quoniam interdum concilii revelatio in totius civitatis perniciem posset inflecti. » Le minimum c'était l'expulsion du conseil.

Les membres intéressés à une question débattue devant le conseil, devaient se retirer après avoir donné leurs motifs au recteur; il en était de même s'il s'agissait des proches parents de l'un des conseillers.

De tous les magistrats de Marseille, il n'y a que le recteur accompagné de son vicaire, du juge d'appel et de ses notaires, qui puisse assister aux séances du grand conseil.

Il n'y a pas de longs détails, dans les statuts, sur les fonctions du conseil; nous savons que ses travaux étaient préparés par un comité de vingt-quatre membres nommé *le conseil secret* et dont le choix appartenait : au recteur, aux syndics, aux clavaires et aux semainiers (liv. 1, chap. 13).

Le grand conseil prononce la réhabilitation des magistrats destitués (liv. 1, chap. 67). Il autorise les étrangers à séjourner à Marseille pendant les guerres. Réuni aux cent chefs des corps de métiers, il approuve les statuts préparés par le recteur; on en trouve un assez grand nombre d'exemples dans nos cinq livres; ainsi livre 1, chap. 67, *in fine* : « anno domini millesimo ducentesimo quinquagesimo tertio, septo decimo calendis novembris, recitatum fuit et confirmatum in consilio generali consiliariorum et capitum ministeriorum, hoc *statutum*, in palacio communis Massiliæ, existente ejusdem civitatis rectore domine Philippo.» (add. liv. 3, chap. 15 et 16, etc.).

2° LES CENT CHEFS DES MÉTIERS.

Un des éléments les plus remarquables de l'administration Marseillaise, se trouve dans le conseil des cent chefs de métiers.

Le système des corporations était appliqué dans le midi comme dans le nord, d'autant plus que l'institution était, pour les gaulois, d'origine romaine.

On sait, en effet, que déjà, sous la république, on trouvait à Rome des associations importantes comme les *societates vectigales* des chevaliers, pour exploiter la ferme des impôts. A l'époque des empereurs, on rencontre les *collegia*, associations d'ouvriers qui se formaient avec la permission de l'autorité supérieure et sous la surveillance des préfets de la ville; des auteurs prétendent que cela remonte au temps de Numa, qui aurait voulu faire disparaître les différences de conditions entre les ouvriers romains et sabins (1). (v. f. 1, § 14, de officio præfecti urbi D. Liv. 1, tit. 12 et de collegiis et corporibus D. Liv. 47, tit. 22).

Dans les provinces, les *collegia opificum* ne commencent guère à être connus qu'après le troisième siècle de l'ère chrétienne; le code Théodosien en mentionne un assez grand nombre. Ainsi : les bateliers (navicularii liv. 13, tit. 2). Les chiffonniers (centonarii, liv. 14, tit. 8). Les boulangers (Pistores, liv. 14, tit. 3). Les marchands de chaux (calcis coctores, liv. 14, tit. 6), etc.

Il est difficile de suivre le sort des corporations de métiers, pendant les siècles qui précèdent la féodalité, mais on les trouve parfaitement organisées à Marseille comme à Paris, dans le cours du treizième siècle. Cet état d'association qui était exceptionnel à l'époque des empereurs Romains, est devenu l'état habituel du commerce. Si nous trouvons à Marseille cent chefs des métiers, nous avons à Paris, à la même époque, le livre du prévot Etienne Boileau, qui contient les règlements de cent métiers divers et l'auteur nous avertit que sa liste est loin d'être complète.

(1) V. de Serrigny. — Droit administratif romain, tome 2, page 350, où il y a des détails très intéressants sur un certain nombre de *collegia*.

L'organisation des métiers existe dans toute la France. On cite à Montpellier la corporation des marchands de poivre qui monopolisait presque tout le commerce de l'Orient.

Nous reviendrons plus loin sur cette matière ; actuellement nous n'avons à nous occuper que du conseil formé par les cent chefs de métiers.

Les chefs des métiers étaient élus tous les ans, dans l'octave de la fête de Saint-Jeañ, ils entraient en fonctions le jour de la fête de Saint-Sauveur. Pour pouvoir être nommé, il fallait appartenir à un corps de métier ou bien exercer l'art de la mer (*esse de arte maris* (1), c'est-à-dire la pêche ou la navigation.

On exige en outre un avoir de cinquante livres et un domicile à Marseille depuis trois ans au moins.

Les chefs des métiers jurent de bien conseiller le recteur ; de garder le secret des délibérations, de chercher à appaiser les discordes civiles ; de défendre de toutes leurs forces les droits et libertés de la commune.

Tous les dimanches, les cent chefs de métiers se réunissent à l'hopital du Saint-Esprit ; ils élisent les semainiers qui doivent prendre part à l'administration de la commune jusqu'au dimanche suivant.

Les semainiers peuvent convoquer tous ou quelques-uns des chefs des métiers, au son de la cloche ou autrement, soit le jour, soit la nuit, et avec eux, les hommes probes de Marseille, pour leur soumettre les questions qui intéressent la commune. Les décisions sont notifiées au recteur qui les fait exécuter, ou bien qui les soumet de nouveau la semaine suivante, à la discussion des cent chefs des métiers et du grand conseil.

Nous venons d'examiner les principaux agents du gouvernement municipal de Marseille, nous aurons à parler plus tard d'une série d'officiers auxiliaires, employés dans la voirie, dans la police des corps de métiers, mais avant de passer à un autre ordre d'idées, nous devons mentionner une magistrature remarquable qui fonctionnait pour les Marseillais, mais hors de Marseille, nous voulons parler des consuls.

(1). Les pêcheurs provençaux distinguent encore ce qu'ils appellent le *grand art*, la pêche au large ; et le *petit art*, la pêche côtière.

3° DES CONSULS A L'ÉTRANGER.

(Liv. I, chap. 18 et 19).

Les consuls sont établis dans les *fondes* ou *fondoucks*, c'est-à-dire dans les comptoirs, que les Marseillais possèdent hors de leur territoire; les statuts mentionnent : la Syrie, Alexandrie, Ceuta, Bougie, etc.

Le recteur nomme les consuls, avec l'avis des clavaires, des syndics, des conseillers et des chefs des métiers; il les choisit : « De melioribus facundia, discretione, et probitate et honestate... ex illis qui ad illas partes traficassent. » — On les prend donc parmi les anciens marchands qui connaissent le pays ou on les envoie.

Les statuts ajoutent que partout où il y a dix ou vingt hommes de Marseille, sans consuls nommés par le recteur, ils peuvent se réunir et choisir à la majorité, un ou plusieurs consuls. qui auront les mêmes pouvoirs que ceux envoyés par la métropole. Le consul ainsi choisi, ne peut pas refuser ses fonctions sans justes motifs, à peine de dix livres d'amende.

Tous les consuls, sans distinction d'origine, doivent jurer de bien remplir leur office ; ils prennent l'engagement de ne pas laisser séjourner dans le *Fondouck* des femmes de mauvaise vie; d'empêcher d'y vendre du vin venant d'autre part que de Marseille, et de ne pas forcer les habitants de la *fonde* à le payer plus cher que le vin du pays.

Les consuls exerçaient une juridiction civile et criminelle qui remonte, suivant des auteurs, aux privilèges concédés par le calife Aaround-al-Raschid, sous le règne de Charlemagne aux Francs établis dans l'Orient. Nous citerons comme exemple de cette juridiction un passage des droits accordés aux Marseillais, en 1190 par Guy de Lusignan roi de Jérusalem.

« Damus etiam vobis curiam in Accon (Acre.) et ut vicecomites et *consules* de hominibus vestræ gentis habeatis. Ita quod si aliquis extraneus contra quemlibet de vestris querelam moverit, ante vice comitem vestrum debeat venire et ibidem judicium recipere excepto furto, homicidio, tradimento et falsamento monetæ et violatione mulierum quod *rat* vulgariter dicitur, quæ omnia curiæ nostræ reservamus. » (Papon tome 2, pièces justificatives page 26).

Les consuls marseillais avaient du reste une juridiction plus étendue chez les Musulmans, car ils jugeaient même les affaires criminelles dans certains cas (1).

Il fallait déjà aux consuls l'assistance de deux assesseurs pour pouvoir juger les procès, et en outre la présence du notaire qu'on amenait ordinairement de Marseille ; quand il manquait on le remplaçait par un écrivain de navire auquel on faisait prêter un serment. (liv. 1, Chap. 19). La sentence pouvait être frappée d'appel devant le recteur de Marseille, dans le mois qui suivait le retour de la personne condamnée,

Le consul qui avait prononcé une sentence ne pouvait pas la modifier ensuite.

Les fonctions consulaires ne duraient qu'une année, celui qui les abandonnait avant l'expiration de ce délai payait une amende de vingt-cinq livres.

Une décision remarquable des statuts c'est qu'on défend de choisir pour consul un homme jouissant, dans le pays, de prérogatives individuelles plus grandes que celles de ses compatriotes. On craint que cette position à part, ne le rende tiède pour défendre le droit des autres ; on peut cependant ne point appliquer cette prohibition s'il y a dans le pays, plusieurs Marseillais également favorisés.

Sont exclus des fonctions de consuls : 1° Les capitaines de barques et navires *(Naucherii)* s'il y a d'autres personnes capables; 2° Ceux qui donnent à bail les boutiques et logements dans le fondouck; 3° Ceux qui font vendre leur vin en détail; 4° Les courtiers.

Les consuls doivent avoir un cartulaire sur lequel ils inscrivent : tous leurs actes ; toutes les procédures, dépositions de témoins, productions de pièces, mandements, sentences, etc. Les statuts déterminent les sommes dues aux consuls par les plaideurs : quand le procès à une importance de dix bezans et au-dessus, ils prennent le

(1). V. L'ouvrage de M. le conseiller Féraud-Giraud.—*De la juridiction française dans les échelles du Levant.*

dixième, au-dessous de dix bezans le tiers. Sur ces redevances une moitié appartient aux consuls, l'autre à la commune (1). Les cartulaires, doivent être remis et les sommes versées entre les mains des clavaires, dans la huitaine du retour, des consuls dont les fonctions sont terminées.

La plupart des autres villes du midi de la France, avaient également des consuls dans l'Orient. Le titre de 1,190, dont nous avons extrait quelques lignes, mentionne les Montpélerins, comme ayant des consuls à St-Jean-d'Acre. M. Pardessus cite encore diverses pièces (2) desquelles il résulte que Montpellier avait des consuls à Tripoli, à Barcelonne, et dans l'île de Chypre. Narbonne en avait également à Tortose, Pise, Gênes, Rhodes, en Sicile, etc.

Il parait qu'il y avait encore un autre espèce de consul dont les statuts de Marseille ne parlent pas.

On lit dans le consulat de la mer à l'occasion des choses laissées par un passager mort pendant la traversée : « Si consol non ha en la nau... s'il n'y a pas de *Consul* sur le navire. » (Chap. 119). Dans une ordonnance de 1246, St-Louis, donne à la ville d'Aigues-Mortes, le droit de mettre à bord des navires un juge appelé *consul* pour prononcer sur les contestations qui peuvent s'élever quand le navire est en mer : « Teneatur curia nostra prædicta, in singulis viagis maritimiis, dare plenam juridictionem uni ex habitatoribus loci a consulibus presentato, qui ierit dicto viagio super omnes de regno nostro mercatores, nautas et naviarios et eorum familiam qui tamen de portu Aquarum Mortuarum iter arripient, et quidquid emolumentum inde habuerit, ille *consul* cui data fuerit juridictio prædicta, reddat curiæ nostræ prædictæ... » (ordonnances du Louvre tome 4, page 47).

Ce consul est donc une sorte de juge maritime, qui n'existait pas sur tous les navires, puisque le consulat de la mer, suppose qu'il n'y en a pas et puisque St-Louis veut

(1). D'après les statuts commerciaux de 1228, il y avait trois bezans par livre (Méry et Guindon.— Tome 1, p. 355).

(2). *Lois maritimes*, tome. 4, p. 232 et 233.

l'imposer à tous les navires d'Aigues-Mortes. Il est possible que cela ait été appliqué dans divers ports, et dans des circonstances exceptionnelles, par exemple pour les navires chargés de pélerins allant à la Terre-Sainte. Ce qui nous ferait douter qu'il en fut de même à Marseille, c'est que le chapitre des statuts, consacré aux écrivains des navires, ne mentionne pas l'obligation de porter les sentences rendues, sur le cartulaire du bord.

Dans les Rooles d'Oléron, pour l'Océan, on ne parle pas non plus, de juge placé à bord des navires ; l'article 12 donne la police au mestre de la nef.

TITRE DEUXIÈME.

Finances et revenus de la commune. — Impôts. — Règlement de voirie. — Expropriation pour cause d'utilité publique.

La partie du droit Marseillais, que nous avons exposée dans le titre précédent, répond à ce qu'on appelle dans la science moderne : le droit constitutionnel ; nous allons nous occuper maintenant des sacrifices imposés aux particuliers dans l'intérêt général.

Les statuts contiennent encore ici des décisions plus ou moins complètes ; certaines parties étaient réglementées par des lois que nous ne connaissons plus. Nous citerons comme exemple : la manière dont on fixait la quotité de l'impôt et comment il était réparti entre les individus. Il est du reste très-probable qu'on suivait déjà à Marseille les principes de l'*allivrement* cadastral, qu'on retrouve dans les siècles suivants. Les Marseillais avaient dû emprunter aux Romains l'institution du cadastre qui était si bien organisée sous l'empire grâce à la corporation des agrimensores, experts arpenteurs jurés (1).

(1) V. Sur les agrimensores, les textes de Frontinus, d'Aggenus et de Hyginus, publiés par M. Giraud, à la suite de la Chrestomathie de M. Blondeau

CHAPITRE Ier.

Impôts et revenus de la commune de Marseille.

Nous avons vu les clavaires, chargés de percevoir tous les revenus de la commune; il faut rechercher en quoi ils consistaient.

Il y a dans les états modernes diverses sortes de revenus : ainsi, les impôts directs qui frappent la propriété mobilière ou immobilière en tant que valeur ; ainsi, les contributions indirectes perçues à l'occasion de certaines consommations; puis les patentes imposées aux marchands, les droits de douane appliqués aux marchandises qu'on importe ou qu'on exporte; les redevances dues par certains concessionnaires ou fermiers, etc.... Nous retrouvons à peu près les mêmes choses dans les statuts de Marseille; notons cependant qu'on n'y trouve rien qui corresponde à l'impôt des patentes connu déjà chez les Romains (1). Rappelons enfin que tous les revenus dus à la commune étaient mentionnés sur un cartulaire dressé par les syndics (liv. 1 chap. 15).

A. *Impôts directs et indirects.*

Tous les Marseillais sont soumis, sans exceptions, aux charges personnelles : « Expensis et executionibus et excubiis seu cavacaltis vel aliis sumptibus, vel contributionibus omnibus. » Le recteur peut en connaissance de cause accorder des décharges, mais seulement après avoir pris l'avis du conseil général (liv. 1 chap. 61).

Les immeubles possédés par des séculiers dans le territoire de Marseille, sont soumis aux charges : « *A modo per solidum et libram* » peu importe qu'ils soient libres et francs, ou soumis à des censives ou grevés de servitudes.

(1). V. de Serrigny — *Droit administratif romain*, tome 2, n° 78, et M. Dureau de la Malle. — *Economie politique des Romains*, tome 2, p. 487.

Les expressions *a modo per solidum et libram* confirment ce que nous venons de dire sur l'allivrement cadastral.

L'obligation de payer l'impôt suit le bien dans les mains de tout détenteur, qui ne peut pas invoquer à ce sujet, un privilège purement personnel qui aurait été obtenu de la commune. On n'entend pas, du reste, déroger aux anciennes conventions (1), intervenues entre l'évêque, les chanoines, l'église de Marseille et la commune (liv. 1. chap. 62).

Lorsque l'on décrétait des charges extraordinaires sur les immeubles à l'occasion des guerres, les détenteurs étaient dispensés de payer les censives, pour cette année, à ceux qui avaient la directe : « Pro qua vinea civis Massiliensis aliquis censum præstaret alicui, in blado, seu pecunia numerata, quod ille cujus esset illa vinea, utiliter non possit compelli ad solutionem census illius vineæ de illo anno, nisi pro ea parte quæ remaneret ei vineæ non talatæ (2). » Le texte ajoute que ce qui vient d'être dit pour une vigne doit également s'appliquer aux jardins et aux terres labourables (liv. 2. chap. 32).

Nous n'avons pas de détails sur les impôts indirects, mais il est certain qu'ils existaient. En effet dans l'acte de paix du 31 mai 1257 qui vient modifier l'état politique de Marseille, en faisant rentrer la commune sous l'autorité directe du vicomte, on décharge les citoyens des droits de Gabelle sur le sel et des impôts sur la chair salée, sur l'huile et sur le miel. Le seigneur comte promet également de délivrer les Marseillais de l'impôt sur les bonnets. (Méry et Guindon tom. 4, page. 325-329). Comment percevait-on ces divers impôts ? C'est ce que nous ne savons pas.

B. *Les amendes prononcées par les juges.*

On voit dans un grand nombre de chapitres des statuts, que les amendes étaient attribuées en principe, à la caisse

(1). Cela fait peut être allusion à la transaction de 1216 en vertu de laquelle les citoyens de l'une ou de l'autre ville pouvaient changer de domicile en emportant tout leur avoir (Méry et Guindon, tome 1, p. 260).

(2). Voici l'expression *taille* qu'on retrouve si souvent dans les auteurs plus modernes.

de la commune; cependant on en donnait souvent une portion au dénonciateur; on voulait ainsi exciter les particuliers à contribuer par leur surveillance au maintien du bon ordre dans la cité. Pour en donner un seul exemple nous rappellerons le chapitre 12, du livre 5e : ceux qui blasphèment en jouant doivent douze deniers, dont moitié pour la commune, moitié pour le dénonciateur. Si le condamné ne peut pas payer, on le plonge tout habillé dans le port ou dans les fossés de la ville.

C. *Revenus produits par la mise aux enchères de certains droits.*

On voit dans les statuts commerciaux de 1228 (Méry et Guindon, tome 1, p. 335) que la commune percevait un droit de plaçage dans les marchés où l'on vendait des grains, de la viande, du poisson, du bois de chauffage. Les terrains vacants étaient loués aux cordiers ; les boutiques des changeurs donnaient lieu à la perception d'une redevance ; dans la paix de 1257 on trouve que cette année le loyer était de 30 sous pour chacune d'elles. (Méry et Guindon, tome 4, p. 324).

Pour le pesage des grains et farines (1), il y avait une mise aux enchères publiques rappelée par le chapitre 54e du 1er livre, le texte est en catalan : « Etablem que aquel, que per temps *encantara la renda* del pes de lauret, sia tengut que hy meta i tel home que sapra far l'ofizi que al pas apparten et que lo fasse ben et lialment. » Nous établissons que celui qui restera adjudicataire à l'encan des revenus du poids du Lauret, soit tenu d'y préposer un homme qui sache remplir ses fonctions et le fasse loyalement. (liv. I, chap. 54).

La commune tirait également un revenu des apparaux qui servaient à mettre les navires à l'eau. Toute personne voulant lancer un navire ou le sortir de l'eau devait employer ce que le texte des statuts appelle « Vasos magnos et parvos ad naves et alia ligna varanda. » On payait à la ville vingt sous pour un navire jaugeant mille quin-

(1) On appelait cela : *pondus Lauretti* à cause du lieu où se faisait le pesage.

taux et proportionnellement s'il était plus grand; quand les apparaux de la commune étaient insuffisants, le propriétaire du navire pouvait les fournir, mais en payant la redevance comme si la ville les avait mis à sa disposition.

Notons enfin parmi les profits de Marseille, la fabrication de la monnaie.

D'après Papon (tome 2, p. 564), ce serait en 1218 que Raymond Béranger aurait permis à la ville vice-comitale de battre monnaie : « Grossam monetam cudendi in inferiore partis urbe, dummodo moneta illa esset proba et legalis : » Le seigneur se réservait deux deniers par Marc. Il y avait alors le *gros* Marseillais et le *menu* Marseillais.

Dans la paix de 1227, le comte Charles laisse à la commune son droit de battre monnaie moyennant douze *menus* marseillais par marc.

Les statuts s'occupent de cette matière dans deux chapitres. Il est dit d'abord dans le chapitre 56 du premier livre, qu'on ne peut faire de la monnaie que dans l'atelier et avec le coin de la commune. Trois changeurs jurés veillent à ce qu'elle soit au même titre que celle de Montpellier : « Quod teneat marcham argenti duos denarios et obolorum sterlingorum. « Les pièces d'un titre inférieur sont marquées d'une croix avec un ciseau et mises hors de la circulation.

Le droit de monnaie payé au fermier enchérisseur ne peut pas dépasser deux deniers par marc d'argent; si les pièces ne sont pas au titre légal, le monnayeur est obligé de recommencer sans pouvoir demander un nouveau salaire. Il faut rendre les cendres aux marchands qui font faire la fonte de la monnaie.

Tout citoyen est tenu de dénoncer au recteur, aux syndics, aux clavaires et aux chefs des métiers qui sont de semaine, ceux qui font de la fausse monnaie ou qui en mettent en circulation. Le faux monnayeur est puni de dix livres d'amende dont moitié pour la commune, moitié pour le dénonciateur (liv. 5, chap. 50). Cette pénalité contraste par sa mansuétude avec les peines appliquées dans le nord. Beaumanoir dit, vers la même époque : « li faus monnier doivent estre bouli et puis pendu et forfait tout le lor en le manière que dessus.» (1).

(1). Beaumanoir, chap. 30. des meffès, § 12.

Il y avait donc peine de mort et confiscation de tous les biens ; les criminalistes expliquent cette sévérité en disant que l'on punissait non seulement la tentative de vol, mais encore l'empiétement sur les droits royaux ou seigneuriaux : or cette dernière manière d'envisager le fait, touchait peu les Marseillais qui ne se préoccupaient guère de la suzeraineté féodale.

D. *Les droits de douane, appelés* Tabulæ maris, *Tables de la mer* (1).

La commune percevait sur les marchandises importées ou exportées un droit appelé *dacitum*. Quand on avait payé le droit d'entrée on ne devait rien pour l'exportation. (liv. 1, chap. 44).

Les tarifs étaient inscrits sur des registres appelés : *tables de la mer*. On les gardait à la claverie où devait se trouver un écrivain honnête (un notaire) pour tenir les écritures et expédier les marchands sans retard.

Un des clavaires assistait au serment que prétaient les marchands sur la nature et la quantité des importations. L'argent était immédiatement mis dans la caisse de la claverie en présence de ceux qui acquittaient les droits.

En 1228, le droit de douane avait été fixé pour les étrangers à un denier par livre : « prestent tantum unum denarium per libram..... eo etiam intellecto quod nulla persona præstet dacitam de suis armis vel de suis vestibus, vel de rauba lecti sui. » (Méry et Guindon, t. 1. p. 329).

En principe, les Marseillais étaient exempts des droits de douane ; mais ceux qui venaient de Syrie ou d'Alexandrie devaient payer tantôt un, tantôt deux bezans. Puis il y avait des droits supplémentaires pour la poix, les meules de moulins, etc.... On trouve une longue énumération de ces droits dans les statuts commerciaux de 1228 ; il y a environ soixante-quinze articles dont voici quelques spécimens :

Bala de draperia dona.................... 4 deniers.
Caissa de sucre o sac de cotons chascuns.. 3 »
Esporta (couffe) de canella dona.......... 4 »

(1). Il y avait eu un statut promulgué sur cette matière en 1228. Guido Maratius de Saint-Nazaire étant Podestat.

Caissa de papier dona.................... 3 deniers.
Motons et feda; e boc et cabra et porc et trueda-dona chascuns .... 1 »
(Méry et Guindon, t. 1, p. 342).

Il faut remarquer que les religieux du Temple et les hospitaliers de Saint-Jean de Jérusalem, étaient exempts de droits de douane, pour tous les articles à leur usage personnel; mais il en était autrement pour les marchandises destinées à être vendues.

Un droit très-lourd imposé sur les batiments étrangers qui chargeaient dans le port de Marseille, consistait à prélever, dans l'intérêt de la commune, le tiers de la somme reçue pour le nolissement : « Item.... confirmamus quod omnis *foritaneus* habens navem quæ ibit ultra mare cum peregrinis vel cum alia mercadaria, debet de *nurata seu naulo* dictæ navis, Massiliæ tertiam partem sive tertiariam non deductis aliquibus expensis ut consuetum est. » (Méry et Guindon, t. 1, p. 331).

Tout cela devait faire un revenu important, dont nous ne connaissons pas, même approximativement, le montant annuel.

On peut encore classer parmi les charges imposées à la navigation maritime, une obligation que l'on retrouve également dans les statuts d'Arles, chapitre 140 (V. Giraud, t. 2, p. 233).

Tout armateur ou tout patron venant de la haute mer à Marseille, doit donner à la commune une baliste (arbalète) à corne ou de deux pieds, suivant que le navire est plus ou moins grand.

Chaque année on élit, comme les autres officiers de la commune, deux hommes chargés de recevoir les balistes, de les garder et de les faire enregistrer sur un cartulaire tenu par l'un des notaires assermentés de la claverie. Il faut indiquer leur forme, de qui elles viennent, par quel navire..... Ces balistes, dont on doit faire la revue une fois par an, sont placées dans une maison bien couverte, bien fermée, à l'abri des voleurs et de ceux qui voudraient s'en emparer. On les marque de manière à les reconnaître (liv. 1, chap. 47).

Les hospitaliers et les templiers sont encore dispensés

de cette obligation, s'ils n'ont pas à bord des marchandises destinées au trafic.

Le recteur et les autres fonctionnaires ne peuvent ni prêter, ni engager les balistes. On va même jusqu'à menacer d'une amende de dix livres celui qui ferait la proposition de les aliéner.

Les Marseillais n'ont jamais compté parmi leurs revenus, cet abominable droit de naufrage sur lequel certains seigneurs spéculaient au moyen âge, dans la Méditerranée, comme sur les côtes de la Bretagne. On sait qu'à ce moment l'usage s'était introduit de confisquer les débris des navires naufragés et les marchandises jetées à la côte; souvent même on réduisait les naufragés en esclavage.

Un grand nombre de lois civiles et canoniques condamnaient cette pratique, mais il paraît qu'elles étaient peu respectées, car on trouve, au treizième siècle, des traités destinés à la prévenir. En 1268, la république de Venise faisait une convention sur ce point avec le roi Saint-Louis; en 1219, Marseille traitait avec le comte d'Empurias en Espagne : « vos dictus comes remittitis in perpetuum nobis naufragium omnium navium cœterorumque lignorum cujuscumque generis sint vel fuerint per totam sive in tota terra vestra seu districtu et jurisdictione in terra mari que.» (Papon, tome 2, pièces justificatives p. 48. — Pardessus-lois maritimes. tome 2, p. 116). Il résulte bien de là que Marseille n'acceptait pas le droit de naufrage comme devant être appliqué aux navigateurs, d'ailleurs nous verrons que la législation sur les étrangers était très-libérale, puisqu'on respectait leurs biens, même en cas de guerre; il serait bizarre qu'on voulût les dépouiller en cas de naufrage.

Disons pour terminer ce chapître, que les statuts prévoient le cas ou la commune est débitrice, le recteur doit alors veiller à ce que les créanciers soient payés et à ce que les personnes engagées pour Marseille n'éprouvent aucun préjudice (liv. 1, chap. 65). Quand la charge est permanente, les statuts indiquent même les fonds avec lesquels on l'acquittera, ainsi pour le poivre dû, *tous les ans*, aux maisons religieuses, par suite des donations des seigneurs, on doit le payer sur les fonds produits par les revenus du port (liv. 1, chap. 45).

CHAPITRE II.

Voirie. — Expropriation pour cause d'utilité publique.

Nous rapprochons les réglements de voirie des impôts, parce qu'ils font peser sur les habitants certaines charges qui sont souvent assez lourdes.

Pour la voirie rurale le chapitre 42 du premier livre, porte que l'on nommera tous les ans, deux inspecteurs chargés de surveiller les routes qui sont hors de Marseille; s'ils les trouvent trop étroites ils les feront élargir. D'après une note de MM. Méry et Guindon, les chemins communaux devaient avoir deux cannes (quatre mètres) de largeur; les sentiers entre voisins, qu'on appelle actuellement *viols entre deux*, mesuraient *cinq pans*, c'est-à-dire un mètre vingt-cinq centimètres. Le terrain pris pour élargir les chemins ruraux, était payé au double de la valeur fixée par des estimateurs jurés (1).

Quant à la voirie urbaine, les recteurs doivent, dans les six mois de leur installation, choisir six hommes capables pour veiller à ce que les rues, et surtout celles qui avoisinent le port soient propres et débarrasées des immondices (liv. 4, chap. 3 et 4). Défense est faite à tous les habitants de jeter par les fenêtres de l'eau sale ou du fumier, sous peine de douze deniers d'amende par chaque contravention, et de cinquante sous si un passant a été atteint. Le condamné qui ne peut pas payer est fouetté publiquement.

Ce statut est publié tous les trois mois, dans les divers quartiers de Marseille.

Chaque maison doit avoir des tuyaux de descente menant les eaux pluviales jusqu'au niveau du sol (liv. 3, chapitre 3). Les inspecteurs veillent à ce que les propriétaires fassent nettoyer, une fois par semaine, le devant de leurs maisons dans les rues et ruelles, et ce à peine d'un denier d'amende chaque fois.

(1) A Arles on fixe au simple l'indemnité payée pour les terrains employés aux digues du Rhône (statuts chap. 187. Giraud. 2. p. 243).

Il est défendu de laisser vaguer des porcs (1) dans les rues; ce fait est puni d'une amende de un denier par chaque pied de l'animal. Il y a certains endroits ou les amas de fumier sont interdits ; les cloaques doivent être fermés et comme la violation de ce réglement pourrait amener des accidents graves, elle entraîne une amende de vingt sous (liv. 1, chap. 58). Ce dernier statut doit être publié quatre fois par an dans Marseille.

Les chaînes destinées à barrer les rues en cas d'attaques ou de troubles, sont sous la surveillance de deux inspecteurs qui veillent à ce qu'on ne les arrache pas et à ce qu'on ne les déplace point. Ici la peine est prononcée arbitrairement par le recteur suivant la gravité des circonstances (liv. 1, chap. 48).

Les auvents, les étalages sur la voie publique, ne doivent pas empiéter de plus de quatre palmes (vingt centimètres) dans les rues droites et de trois palmes dans les traverses; l'amende est de vingt sous ; ce statut n'était pas applicable aux tables de change louées par la commune (2) (liv. 6, chap. 12).

Pour éviter les dangers que présentent les rôdeurs de nuit, toute personne qui va dans les rues, après que la cloche du couvre-feu a sonné, doit porter une lanterne ou une torche, sinon elle paie cinq sous d'amende. La peine est laissée à l'arbitraire du recteur si le contrevenant est un homme ou une femme de mauvaise vie (liv. 4, chap. 4).

On n'applique pas ce statut dans le temps des vendanges, ni pendant la nuit de Noël; on dispense également de l'obligation de porter un flambeau, ceux qui arrivent de voyage, ou ceux qui vont porter du secours dans un nau-

(1) Dans une ordonnance de 1350 sur la police des rues de Paris, on condamne à 10 sous d'amende ceux qui élèvent des porcs dans la ville : « et seront les pourceaux tués par les sergents ou autres qui les trouveront dans ladite ville, et aura le tuant la teste, et sera le corps porté aux Hôtels-Dieu de Paris qui paieront les porteurs d'iceux. » (Isambert, lois anciennes, tome 4, page 623).

(2) Conf. Arles, chap. 40 de appensis et impedimento viarum « statuimus quod tres boni viri constituantur a curiis, arbitrio quorum removeantur, appensa sive pendentia super viis publicis, quæ obesse possint transeuntibus, arma portantibus vel non. » (Giraud — 2, p. 202).

frage, dans un incendie, ou ceux enfin qui se rendent à un appel aux armes pour défendre la commune. Cela n'empêche pas, les honnêtes gens de prendre le frais sur leur porte pendant la nuit. « Statuentes similiter ut homines bonæ famæ et opinionis possint esse in suis plateis et carreriis et ibi morari *sine lumine* de nocte. »

Il y a dans le chapitre 49 du 5e livre, un statut assez bizarre. On défend, sous peine d'une amende de vingt sous, à tout homme vieux ou jeune de descendre de cheval, dans Marseille ou dans la campagne, pour saluer les dames, à moins qu'il ne s'agisse d'une étrangère ayant seigneurie, ou d'une religieuse : « nisi esset domina terræ non Massiliæ, vel nisi esset monialis. » Cependant si cela convient aux deux personnes, l'amende ne sera pas prononcée, la convenance pourra être établie par le serment de l'accusé. — Le motif de ce statut est ainsi indiqué : « cum sit grave et maxime senibus equitantibus descendere et incontinenti ascendere et maxime sine scutifero et servienti. » On n'applique pas cette règle au recteur et à ceux qui chevauchent avec lui (liv. 5, chap. 49).

L'expropriation pour cause d'utilité publique est établie en principe dans le 3e chapitre du 3e livre. La commune a le droit de prendre les champs, les maisons, les pâturages : « Quando pro magna necessitate et utilitate communis fierint prædicta. »

L'indemnité est fixée à l'amiable, si l'on s'entend avec le propriétaire, sinon on la fait déterminer par deux experts : « ad arbitrium duorum proborum virorum vel estimatorum. » Mais alors la commune ne peut se mettre en possession qu'*après* avoir préalablement payé l'indemnité : « nisi de precio vel estimacione facta, primum satisfactum fuerit domino dictæ rei. » Il est curieux de trouver formulé au 13e siècle, d'une manière aussi nette, le principe de notre législation moderne sur l'indemnité préalable (v. code Nap., art. 545). Les statuts ajoutent que l'on ne peut jamais forcer l'exproprié à recevoir en paiement des créances de la commune sur des particuliers ; l'indemnité était donc payée en numéraire.

TITRE TROISIÈME

Organisation judiciaire. — Agents auxiliaires de la justice. — Notaires. — Avocats. — Huissiers.

Les juges (1) sont électifs à Marseille, comme les autres fonctionnaires de la commune; on les nomme aussi pour *un* an. Il y a 1° le juge du palais, 2° le juge d'appel, 3° les deux juges de la commune.

Les juges élus prêtent serment devant le grand conseil, la formule est écrite dans les statuts : « per Deum omnipotentem et filium ejus unigenitum dominum, et dominum nostrum Jeshum Christum et spiritum sanctum, prædicta et quatuor evangelia (2).» Ils jurent de rendre la justice conformément au droit, à la coutume et surtout aux statuts de Marseille (liv. 1, chap., *sequitur sacramentale judicum*), sans se laisser influencer par la haine ou l'amitié, sans céder à la crainte, sans se laisser corrompre. Ils ne refuseront pas audience à ceux qui la demanderont (liv. 1, chap. 7). Ils ne doivent recevoir de personne, juif ou chrétien, aucun don valant plus d'un denier, et pour les choses qui se mangent ou se boivent une valeur de plus de trois deniers. Il leur est expressément défendu de

(1). On lit dans MM. Méry et Guindon, tome 2, p. 139 en note : « la justice était administrée publiquement devant la porte de Notre-Dame des Acoules. Plus tard c'est-à-dire de 1258 jusqu'à la fin du 15e siècle, les juges rendirent la justice dans l'hopital du Saint-Esprit fondé en 1188..... Les archives de la ville possèdent encore une certaine quantité de registres provenant des anciennes judicatures de Marseille ; ce sont ceux des tribunaux de Saint-Louis et de Saint-Lazare.... ils comprennent la période de 1285 à 1424. Les judicatures de Marseille ont été abolies en 1564 par le roi Charles IX. » Il résulte de ce passage qu'il ne reste plus rien des jugements rendus à l'époque où Marseille jouissait de son indépendance municipale

(2). On retrouve une formule analogue dans un statut d'Aix : « In nomine domini nostri Jesu-Christi qui est Judex justus, fortis et patiens : juro ego Hugo, vel talis judex in curia Aquensi, per deum patrem et filium ejus unigenitum dominum nostrum Jesum Christum et spiritum sanctum et per gloriosam suam genitricem semperque virginem Mariam et per sancta quatuor Evangelia quæ in manibus meis teneo, quod puram conscientiam servabo et omnem justitiam.....

partager avec leurs greffiers, les profits que ceux-ci réalisent. Dans le serment des juges est comprise la promesse de poursuivre les vaudois et autres hérétiques.

Il était enjoint aux juges de venir une fois par jour, au moins, au palais, sauf pour les fêtes, ou par suite de maladie, ou enfin quand il y avait un congé accordé par le viguier.

C'était avec lui qu'ils avaient encore des rapports quand il leur demandait conseil, quand il les autorisait à accepter des arbitrages qui devaient toujours être gratuits.

Les fonctions d'avocat étaient interdites aux juges, sauf pour les affaires dont ils avaient commencé à s'occuper avant leur élection; dans ce cas ils pouvaient continuer à les plaider.

En principe on ne leur accordait qu'un mois après la fin des plaidoiries, pour rendre leurs jugements.

A. *Le juge du Palais.*

(Liv. 1, chap. 3).

Ce juge ne peut pas être Marseillais, bien qu'il soit payé par la commune qui lui donne 60 livres par an (liv. 1, chap. 68). Il siège dans le palais de la commune, là où sont le recteur et le grand conseil; il est l'assesseur du recteur quand celui-ci prononce des sentences; son rang est supérieur à celui des autres juges.

On exige de lui le serment d'appliquer fidèlement le droit et les statuts de Marseille. «Secundum jus et maxime statuta Massiliæ.»

Sa juridiction embrasse toutes les affaires civiles et criminelles : « omnium quæstionum tam criminalium quam civilium. »

B. *Le juge d'appel.*

(Liv. 1, chap. 6).

Ce juge doit encore être pris hors de Marseille; on choisit l'un des deux jurisconsultes étrangers amenés par le Podestat, ou tout autre *jurisperitus* qui n'est point Marseillais. C'est afin d'avoir plus de garanties d'impartialité.

L'élection a lieu dans le sein du grand conseil. Les fonctions de ce juge sont restreintes aux appels; elles durent un an; on lui donne également 60 livres de traitement (liv. 1, chap. 68). Il a pour l'assister deux notaires-greffiers; l'un tient la plume à l'audience; l'autre reçoit les enquêtes.

Deux huissiers (*cursores*) sont attachés à ce tribunal.

Le juge d'appel ne connaît pas de l'exécution de ses sentences : cette mission appartient aux deux juges inférieurs.

Nous expliquerons plus tard avec quelques détails la procédure de l'appel, nous verrons qu'on pouvait appeler de tout jugement quand la demande dépassait six sous.

Le juge d'appel doit donner son avis sur les questions civiles et criminelles soit au recteur soit aux deux juges inférieurs.

C. *Les juges des deux tribunaux.*

(Liv. 1, chap. 4).

Les statuts déclarent qu'il y aura à Marseille, deux tribunaux pour prononcer sur tous les procès : « secundum jura leges et præsertim secundum statuta civitatis Massiliæ facta et facienda. » Ce vocabulaire, comme nous l'avons déjà remarqué, fait allusion au droit romain, aux coutumes locales et on mentionne ensuite les statuts.

Chacun de ces tribunaux est composé : 1° d'un juge nommé pour un an; savant en droit civil et habitant la ville vice-comitale. On le choisit souvent parmi les avocats (liv. 1, chap. 5); 2° de deux notaires-greffiers l'un tenant la plume à l'audience, l'autre pendant les enquêtes; 3° d'huissiers (cursores).

Ces juges prononcent sur toutes les questions civiles touchant : *ad contentiosum jurisdictionem sive ad voluntariam*; mais les questions criminelles dans lesquelles on procède par accusation, dénonciation ou enquête, sont réservées au juge du palais.

Les statuts énumèrent quelques unes des fonctions des juges inférieurs : ils nomment et confirment les tuteurs ou curateurs, qu'ils contraignent aussi à administrer si cela est nécessaire; ils destituent les tuteurs suspects; ils président : aux émancipations, à la lecture publique des testaments, aux productions de témoins; enfin ils assurent l'exécution de toutes les sentences sans pouvoir cependant employer les coups et les mauvais traitements. Ces moyens extrêmes appartiennent uniquement au viguier, qui représente le vicomte.

Celui qui corrompt ou tente de corrompre un juge, perd son procès par cela seul ; s'il ne sentait pas qu'il a tort il ne chercherait point à acheter la conscience du magistrat. — Le juge qui s'est laissé corrompre est puni à la volonté du recteur après avoir cependant demandé l'avis du grand conseil et des chefs des métiers.

Il est interdit aux juges de quitter Marseille pour plus d'un jour. « Nisi eadem die in civitatem reverterentur » afin que les plaideurs ne souffrent pas de leur absence.

Le juge, choisi parmi les avocats, qui a eu à s'occuper de certaines affaires les renvoie devant l'autre juge auquel on notifie ce fait dans un acte contenant : le motif, le nom du juge devant lequel on ne peut plaider, et celui du magistrat que l'on investit.

Cet acte (*litteræ*) est immédiatement transcrit par le notaire-greffier de service sur le cartulaire du Tribunal en mentionnant le jour et l'année de la réception.

Si les deux juges se trouvaient dans le cas d'être récusés, on porterait l'affaire devant le juge du Palais : « Ad superiorem curiam palacii per majorem judicem palacii sine debito terminanda. » (Liv. 1, chap. 5).

Outre ces juridictions il faut mentionner : 1° celle qui appartenait à trois maîtres de la pierre *(tres magistri lapidum)* élus en même temps que les autres officiers de la commune, pour terminer les procès qui s'élevaient à l'occasion des murs mitoyens construits ou à construire tant dans Marseille que dans les faubourgs. (Liv. 1, chap. 34).

2. Un autre Tribunal composé encore de trois hommes (probi, providi et discreti) pour statuer sur les questions de chemins ruraux, *careires*, de bornes, de limites et d'issue des champs.

Ces juges peuvent fonctionner au nombre de deux, si le troisième est malade ou empêché ; ils ne sont pas soumis aux formes de la procédure. Cependant l'une des parties peut exiger qu'ils prennent l'avis des juges de Marseille. La sentence est transcrite par les notaires-greffiers de la commune.

Les statuts ajoutent que si les *tres viri* ont perdu leur journée pour remplir leurs fonctions, ils doivent être indemnisés par les deux parties : « Debeant ei ressarcire ambæ partes communiter suum jornale sive dampnum. » Les difficultés qui s'élèvent sur ce point sont tranchées par le juge auquel on demande de taxer la somme à payer. (Méry et Guindon, t. 2, p. 276).

A Arles, ces deux tribunaux n'en formaient qu'un. On lit dans le chapitre 132 des statuts : « Item statuimus quod inter milites et probos homines eligantur tres viri quorum unus sit *magister lapidum*, arbitrio quorum et cognicione diffiniantur lites parietum et stillicidiorum et aliarum servitutum quæ inter cives Arelatis orirentur.» (V. Giraud, t. 2, p. 230).

Nous ne trouvons aucune mention dans les statuts, du Tribunal des prud'hommes pêcheurs, qui existe encore à Marseille (1) et dans d'autres villes du Midi.

Les prud'hommes pêcheurs prononcent sur les contestations qui s'élèvent entre les patrons du grand art ou du petit art. Ils jugent sans formes de procédure, sans écritures, sans appel et sans recours en cassation. (Cassation 13 juillet 1847. J. du Palais 1847, t. 2, p. 181). Leurs fonctions durent un an ; ils sont élus par les autres patrons tantôt au scrutin secret, tantôt par acclamations. Il faut avoir quarante ans et trois ans de commandement pour pouvoir être nommé prud'homme.

Nous ne pensons pas que cette institution ait existé à Marseille au treizième siècle; les statuts l'auraient certainement mentionnée dans les juridictions officielles. Le plus ancien règlement sur les prud'hommes pêcheurs remonte au 13 octobre 1431, il est en Catalan : « Item ordenau que los dischs pescadors puescan eligre cascun an, en la festa de Calona, quatre bouns homos que counoisseran de totas la causas sobre per ellas capitoleiadas ; losqual juran, cascun an, quant se eligeran de bon et fialment fasi leur office al taulier de mosseu lou viguier, ains comme fan los autros officiers de la vieilla. » « De

(1) Il y a des prud'hommes pêcheurs à Toulon, à la Ciotat, aux Martigues, à Saint-Raphaël, à Antibes, à Cassis, à Cannes, en Corse, à Montpellier, etc.

même nous ordonnons que lesdits pêcheurs pourront élire chaque année, à la fête de la chandeleur, quatre bons hommes qui connaîtront de tous les procès à l'occasion de ces règlements, lesquels jureront de bien et fidèlement remplir leurs fonctions sous la surveillance de M. le viguier, comme font tous les autres officiers de la ville. » Cet acte est signé par Raymond Bidaudi, notaire. Si on avait seulement confirmé la juridiction des prud'hommes pêcheurs au lieu de la créer, on l'aurait certainement indiqué (1).

Nous allons nous occuper maintenant des auxiliaires de la justice à Marseille, c'est-à-dire des notaires, des avocats et des huissiers.

SECTION Ire. — Des Notaires.

Dans les statuts de Marseille, les notaires sont des officiers publics qui remplissent souvent les fonctions de tabellions (tabellionatus); et à ce point de vue on peut dire que les deux expressions *notarii* et *tabelliones* sont synonymes. On lit dans le livre 1er, chap. 27 des statuts : « Et hæc eadem dicimus similiter facienda et tenenda de notariis illis Massiliæ quibus quocumque modo officium *tabellionatus* est prohibitum vel interdictum. »

Cette assimilation avait été le résultat du travail des siècles, car autrefois elle était loin d'exister.

A l'époque de la république romaine, on appelait : *Tabellarii* des esclaves qui écrivaient sous la dictée de leurs maîtres et portaient les missives. Cicéron les mentionne souvent dans ses épîtres ; ainsi, dans le livre 6, lettre 9, § 4, il dit : « Ego tabellarios postero die eram ad vos missurus, quos puto ante venturos quam nostrum Saufeium... » On les retrouve encore au Digeste dans le fragment 65 du titre : *de acquirendo rerum dominio.* (Liv. 41, tit. 1). « Si epistolam tibi misero, non erit tua antequam tibi reddita fuerit. Paulus imo contra, nam si miseris ad me *Tabellarium* tuum et ego rescribendi litteras tibi misero, simul atque tabulario tuo tradidero tuæ fient. »

(1) Sur les prud'hommes pêcheurs, voir : VALIN, Commentaire de l'ordonnance de 1681. — BEAUSSANT, *Droit Maritime*, et un discours prononcé par M. le Procureur général impérial Dubeux, en 1857, pour la rentrée de la Cour d'Aix.

Le Notaire était à la même époque un écrivain tachigraphe, qui prenait les discours en notes comme les sténographes modernes; ces notes étaient ensuite transcrites par les *librarii*. (Vid. f. 40 de testamento militis. D. liv. 29, tit. 1).

Quant aux Tabelliones, c'étaient des personnes instruites en droit, qui rédigeaient pour autrui les actes importants, comme les testaments, les ventes, les baux, etc..

Sous les empereurs romains le sens de ces mots change.

Le Tabellarius est devenu un fonctionnaire public qui tient les comptes des magistrats et les actes de l'état civil dans les provinces. (V. Julius Capitolinus. Vie de Marcelle, chap. 10.)

Les Tabelliones sont des agents d'affaires qui ont un certain caractère public, car le préteur peut les exclure du *Forum* quand leur conduite est répréhensible. (V. f. 9, § 4, 5 de Pœnis. D. liv. 48, tit. 19).

Les Notarii sont devenus les secrétaires du Conseil impérial et en même temps les référendaires de certaines affaires. Lampride raconte dans la vie d'Alexandre Sévère (Chap. 28) : « Eum *Notarium* qui falsum causa brevem, in consilio imperatoris retulisset incisis digitorum nervis, ita ut nunquam posset scribere, deportavit. »

A l'époque de Justinien, les *Tabellarii* ou *Tabularii* continuent leurs fonctions, mais en outre ils reçoivent certains actes pour les particuliers comme : les adrogations, les inventaires, les testaments des aveugles, les actes d'hypothèques, etc... Les *notarii* sont toujours les greffiers du Conseil impérial. Les *tabelliones* commencent à être considérés comme des espèces d'officiers publics. Les novelles de Justinien : 44, chap. 1, § 1, 47 et 73, contiennent une série de dispositions sur la manière dont ils doivent rédiger leurs actes, et sur la foi qu'on peut y attacher.

Au moyen-âge, les rois de France et les empereurs d'Allemagne, donnèrent à certains tabellions le titre de notaires, *honoris causa* : de là ces qualifications que l'on rencontre dans les anciens titre : X... notaire royal ou impérial. Puis il y eut usurpation de cette qualité par les tabellions qui ne l'avaient pas : c'est ainsi que se fit l'assimilation des deux qualités.

Dans tous les actes rapportés par MM. Méry et Guindon, on trouve toujours la signature d'un notaire ; l'acte de consécration de l'église St-Victor en 1040, finit ainsi : « Deodatus episcopus Tolonensis firmavit, Desiderius *notarius*, scripsit. » (tome 1, p. 175). En 1184, dans un titre confirmant des priviléges concédés à Marseille, on lit : « Ego Bredimondus Jobinius, publicus Massiliensis notarius. »

Il est donc bien certain qu'au treizième siècle, on ne distinguait plus à Marseille, les notaires des tabellions : mais il faut remarquer que leurs fonctions ne sont pas toujours les mêmes. Dans les statuts on leur attribue trois qualités : 1° Les notaires-greffiers des tribunaux. 2° Les notaires écrivains, tenant le registre de certains comptables comme les clavaires. 3° Les notaires dressant les actes pour les particuliers, faisant, comme nous l'avons dit, les fonctions de tabellions.

Le titre de notaire était conféré par l'autorité : « officium notariæ publica auctoritate conceditur. » Dans un statut d'Aix on exige 1° que deux notaires attestent la filiation légitime du candidat ; 2° qu'il passe un examen : De sufficientia vero in camera nostra per eum ad quem pertinere dignoscitur, approbetur. « (Giraud 2, p. 48.) Cela a lieu également à Marseille ; l'examen est passé devant des hommes sachant le droit, tels que : juges, avocats, notaires-greffiers, syndics, clavaires et semainiers, délégués par le recteur.

Le 27me chapitre du 1er livre des statuts ordonne de dresser une liste de tous les notaires sur le cartulaire de la commune. On doit y indiquer : l'an, le mois, le jour de leur réception, afin qu'on ne puisse pas mettre en doute leur qualité et la valeur de leurs actes. Il faut inscrire également les suspensions ou destitutions avec la date de l'année, du mois et du jour.

Pour être agréé comme notaire, on doit justifier : qu'on a 24 ans, qu'on est Marseillais, et qu'on habite la commune depuis deux ans au moins ; de plus qu'on est de bonne mœurs, bien famé dans son quartier ; libre de toute servitude ; enfin qu'on a une connaissance suffisante de la grammaire et de la calligraphie.

On ne peut entrer en fonctions qu'après un stage de trois mois pour apprendre à rédiger les actes. (Liv. 1, chap. 27.

L'existence de ces conditions est vérifiée par le recteur et les juges des tribunaux de Marseille.

Le candidat au notariat doit jurer : d'habiter Marseille et de ne quitter la ville que pour entrer en religion, d'être fidèle à la commune et d'exercer loyalement les fonctions dont il est investi par le recteur. Après le serment on l'inscrit à sa date, sur le cartulaire des notaires.

Les clercs, à partir du grade de sous-diacre, ne peuvent pas être notaires publics, à Marseille : « ut non per occasionem illius officii sacra ministeria impediantur, quibus ipsi vocare debent. »

Les notaires ne peuvent être destitués qu'après une délibération du grand Conseil, mais alors ils sont à tout jamais exclus de leurs fonctions.

Il leur est interdit de représenter les plaideurs en justice, si ce n'est leurs parents ou alliés jusqu'au quatrième degré, et quand ils agissent dans leur intérêt propre, comme *procuratores in rem suam*. Cette interdiction est sanctionnée par des peines arbitraires que prononce le recteur. (Méry et Guindon, t. 2, p. 243.)

A. *Les Notaires-Greffiers* (1).

Il résulte des statuts (liv. 1, chap. 68) qu'il y avait à Marseille onze notaires-greffiers, nommés tous les ans, *de anno in annum*.

Deux, auprès des juges de la curie pour tenir la plume, au salaire de douze livres.

Deux, pour les enquêtes, au salaire de quinze livres.

Deux, auprès du juge des appels, avec les mêmes fonctions.

Quatre, auprès du recteur et du juge du Palais ; deux pour tenir la plume aux audiences, deux pour recevoir les enquêtes. Leur salaire est de trente livres par an.

Un, pour écrire toutes les recettes de la claverie avec un traitement de trente livres par an.

(1). Dans les statuts d'Arles, chap. 64 on lit : « Statuimus quod commune habeat, quinque notarios cives Arelatis qui sint in curia per totum annum continuum : duo cum consulibus, et duo cum judicibus et quintus cum clavario, et scribant acta omnia et dentur singulis eorum pro salario trecenti solidi » (Giraud — 2, p. 210, add, statut de Robert, Giraud, cod. p. 72).

Les appointements étaient payés en trois termes : « In hunc modum videlicet intra tres equales soluciones de tribus in tribus mensibus. » (Méry et Guindon, tome 2, pag. 231).

Il y avait en outre certains émoluments payés aux notaires-greffiers par les plaideurs ; ainsi ils avaient : trois sous pour un jugement constatant un aveu *post litem contestatam;* deux sous pour un jugement confirmatif de tutelle, etc. etc... (1). Pour quatre feuilles de papier on paye douze deniers, mais il faut que chaque feuille ait deux pages, et chaque page vingt lignes. Les marges de chaque côté ne doivent pas être trop larges, (*nimis spatiosæ*); l'écriture trop écartée *(littera nimis sparsa)* entraîne une amende arbitraire prononcée par le juge (2).

On va jusqu'à ordonner aux notaires d'avoir de l'encre suffisamment noire; on leur défend aussi de dresser les actes sur des parchemins trop gras qui ne retiennent pas l'écriture.

Le notaire-greffier a pour fonctions d'écrire sur les cartulaires, les *libelli*, actes d'ajournement, les conclusions respectives des parties, les déclarations des témoins, les actes judiciaires, les procès-verbaux d'envoi en possession, de publication de testaments; lui seul a le droit de faire ces écritures. (Liv. 2, chap. 7).

On délivre un exemplaire des actes judiciaires *(exemplum)* au demandeur et au défendeur s'ils le requièrent, et ce moyennant un salaire qui est encore fixé par les statuts; du reste il est défendu aux greffiers de multiplier les frais d'expéditions; s'il y a difficulté sur ce point elle est tranchée par le juge près duquel fonctionne le greffier, il taxe les frais à payer.

Il paraît que ces mesures préventives n'étaient pas inu-

(1). On peut comparer avec les statuts de Marseille, un statut d'Aix *statutum super officio tabellionum*, où l'on énumère tous les actes faits par les notaires greffiers et ce qu'on devait leur payer (Giraud 2, p. 84).

(2). Dans le statut de Robert (1306), on lit : « In primis, ne notarii seu tabelliones publica instrumenta et acta publica scribentes immoderate gravent subjectos nostros..... statuimus ut ipsi notarii, pro scripturas quas facient sub hac forma, recipiant pro singulis cartis, ab una parte integraliter scriptis, in quarum qualibet parte sint XXVI lineæ et in lineis sint XIII dictiones, recipiant denarios VI dumtaxat... » (Giraud, 2, p. 65).

tiles ; M. Teyssier dit, dans la Notice sur les Archives de Toulon, à l'occasion du titre transcrit page 191 : « Je pourrais citer telle enquête dont le procès-verbal ne rentrerait pas dans dix feuilles d'impression, c'est-à-dire dans cent soixante pages in-8. » Le même auteur ajoute à l'occasion d'une enquête de 1402 : « La charte dont on va lire l'analyse très-succincte n'a pas moins de quatre mètres de longueur sur 45 centimètres de largeur » (eod. p. 144). On voit que les statuts de Marseille avaient cherché à éviter ces abus.

Les jugements sont transcrits les uns après les autres *(seriatim)* sur le cartulaire du Tribunal, le notaire-greffier doit les écrire comme il les entend : « sicut audient a judice vel arbitrio pro posse scribant » (liv. 1, chap. 28). Dans les enquêtes, le témoin qui soutient qu'on a mal compris sa déposition peut la recommencer pour éviter toute difficulté.

Lorsque l'un des plaideurs jure qu'il tient pour suspect le notaire qui reçoit l'enquête, il peut demander qu'il lui en soit adjoint un autre, ce que l'on fait aux frais du requérant. Chacun des notaires écrit les dépositions séparément sur son cartulaire, le greffier adjoint jure d'écrire fidèlement ce qu'il entendra et de le garder secret jusqu'à ce que la justice lui ordonne de le communiquer.

Les notaires ne peuvent délivrer d'expéditions des enquêtes qu'après les avoir collationnées avec l'original, sous peine de perdre leurs salaires. On leur interdit de rien recevoir pendant les procès, d'accepter des invitations à des repas : « Et hoc maxime prohibemus illis notariis qui recipiunt seu scribent accusationes in palacio, vel alibi in Massilia. »

B. *Les Notaires assistant les comptables.*

Nous savons déjà que le notaire de la claverie est tenu d'inscrire toutes les sommes encaissées par les clavaires: « et hoc omnia scribant per publicum notarium Massiliæ, in officio clavariæ electum et constitutum, in cartulario et cartularii clavariæ.» (Liv. 1, chap. 1, Méry et Guindon, tome 2, pag. 128.)

C. *Les Notaires-tabellions* (1).

Les fonctions des notaires-tabellions consistent à dresser des actes pour les particuliers. Ils doivent les écrire. *propria manu*, sur leur cartulaire qu'ils sont tenus de conserver soigneusement dans un lieu sûr, et qu'il leur est interdit de communiquer aux tiers ; mais la justice peut toujours en ordonner la représentation. (Liv. 1, ch. 27. Méry et Guindon., tom. 2, p. 240.)

Dans tous les actes, les notaires mentionnent avec soin le millésime, c'est-à-dire, le nombre d'années écoulé depuis l'incarnation de Notre Seigneur Jésus-Christ (2) : l'indiction; les calendes, les nones, les ides, l'heure approximative, les noms et prénoms des parties, leurs professions, les sommes promises ou comptées, en toutes lettres, sans abréviations ni ratures ; il faut également noter de la même manière les époques où les contrats doivent être exécutés. L'acte finit par la signature du notaire. (Liv. 1, chap. 28.)

Dans un statut provençal, sur l'office des notaires, (an 1280-1290) on leur impose l'obligation de *lire* l'acte aux parties, après l'avoir rédigé en leur présence : « Item notarius teneatur facere et legere totam notam in presentia. » (V. Giraud, t. 2, pag. 86.)

Quand il s'agit de faire un testament ou tout autre acte de dernière volonté, le notaire appelé doit écrire ce que lui dicte le testateur, ou ce qu'il répond aux questions qu'il lui adresse. On lui impose le secret le plus absolu jusqu'à la mort de celui qui a testé, mais alors il doit avertir les héritiers, les légataires, les fidéicommissaires et les exécuteurs testamentaires, pour qu'ils viennent faire valoir leurs droits (liv. 1, chap. 28). Si l'on présente au notaire un projet de testament écrit, il le lira au testateur et lui demandera si c'est bien là sa volonté ; alors il dressera

(1) Conf. Giraud, tome 2, p. 210, *Statuts d'Arles*, chap. 65.

(2) On voit qu'on suivait à Marseille la manière de compter introduite par Denis-le-Petit au VIe siècle.

l'acte en mentionnant la réponse. Les tabellions doivent refuser de recevoir le testament des personnes qui ne leur paraissent pas saines d'esprit (*sanæ mentis*).

On ne peut pas modifier, sans le concours de toutes les parties ou du testateur, l'acte public qui est terminé et revêtu de la signature du notaire, à moins qu'il ne s'agisse de corriger une erreur de plume portant sur la date, le nom des témoins, l'époque ou le lieu de l'exécution : « Tunc enim eis liceat instrumenta illa aut testamenta in quibus se prædictis modis errasse cognoscerent reficere, vel emendare aut in melius reformare. Et hæc si in nota inde facta aliter quam instrumento scriptum esset, se errasse invenirent. » (Méry et Guindon, tom. 2, p. 250.) Ils peuvent également recopier les actes rongés par les vers et les rats, ou attaqués par l'humidité, pourvu qu'ils ne soient pas biffés ou lacérés volontairement. S'ils soupçonnent une fraude quand on leur demande de refaire un acte ancien, ils attendront les ordres de la justice qui dira pourquoi et par qui le titre nouvel sera rédigé.

Les actes doivent être terminés dans les deux mois de la remise des notes, sauf empêchements légitimes; dans les huit mois il faut rendre les actes confiés à titre de renseignements, sous peine d'une amende de dix livres, par acte retenu.

Les notaires avaient le droit d'exiger leur salaire avant de faire signer les témoins.

A la mort d'un notaire ses cartulaires étaient remis à l'un de ses collègues qui demeurait chargé de faire les expéditions demandées par les intéressés, moyennant un salaire déterminé (Méry et Guindon, t. 2, p. 254).

Le notaire qui biffe un acte sur son cartulaire ou sur ceux qui lui sont confiés, est tenu d'écrire en marge pourquoi il l'a fait. Si c'est par suite d'un paiement ou de l'exécution de l'obligation, la *cancellatio* (bâtonnement) doit avoir lieu en présence des parties et de témoins. Il en sera fait mention dans la note marginale indiquant l'an et le jour.

Pour ne pas oublier les devoirs qui leur sont imposés par les statuts, les notaires en auront une copie qu'ils liront tous les deux mois (liv. 1, chap. 28).

Le salaire des notaires est indiqué dans le chapitre 29 du 1er livre; en voici quelques exemples : *Six* deniers pour les actes de ventes mobilières, pour les emprunts, les gages, les hypothèques, etc. — Le tarif est proportionnel pour les inventaires avec estimation : de quinze livres à cinquante, *trois* sous ; au-dessous de quinze livres, *deux* sous ; de cent livres à cinq cents livres, *dix* sous ; au-dessus *vingt* sous, etc., etc. (Méry et Guindon, t. 2, p. 258.) Pour les actes non taxés on s'adresse, en cas de difficultés, à un juge ou au recteur : « qui teneantur... illud bona fide æstimare et æstimando non excedere ultra sexaginta solidos quantacumque magna fuit carta illa. » Le maximum des honoraires était donc de soixante sous.

En matière de vente c'est l'acheteur qui choisit le notaire, pourvu qu'il soit capable et honnête, que le vendeur n'ait aucune raison sérieuse de n'en pas vouloir et pourvu surtout qu'il soit Marseillais (liv. 1, chap. 30).

C'est qu'en effet, il est défendu aux habitants de la ville de faire faire leurs actes d'achats, d'emphytéoses, de baux, de mégeries, etc., pour des biens situés dans le territoire, par un notaire étranger (liv. 2, chap. 29). Dans le même ordre d'idées, si l'on convenait dans un acte d'aller plaider devant la justice du roi, le notaire perdrait son office *(sub pœna officii sui)*, les parties seraient condamnées à vingt-cinq livres d'amende, et la clause n'aurait aucune valeur.

On voit comment on parodiait dans les villes communales le dicton féodal : entre ton seigneur et toi vilain, il n'y a pas d'autre juge fors Dieu.

Le notaire qui veut quitter ses fonctions doit en avertir le recteur et jurer qu'il ne fera plus d'actes. Dans un délai qu'on lui détermine, il remet ses cartulaires et tous ses actes soit à un autre tabellion, soit aux gardiens des archives publiques (liv. 1, chap. 31). On mentionne sa retraite sur le registre qui contient la liste des notaires.

Le recteur fait rechercher par les syndics tous les cartulaires des notaires morts, interdits ou destitués, pour les déposer comme nous venons de le dire. L'acte de dépôt est dressé dans le Conseil général, on y mentionne le nom des tabellions de qui proviennent les registres, celui du recteur et la date de la remise (liv. 1, chap. 32).

Par une précaution qui s'explique, à une époque où l'écriture était peu répandue, les statuts recommandent de remettre les cartulaires à ceux qui connaissaient bien le notaire et son écriture : « qui habuerunt noticiam personæ illius notarii cujus fuerunt illa cartularia, et qui noverunt modum et formam sui dictaminis, et modum et formam litterarum illius. » (Méry et Guindon, t. 2, p. 269.)

L'acte rédigé par un notaire public, faisait foi en justice jusqu'à accusation de faux. « Ratum et firmum a curia Massiliæ inviolabiliter habeatur in omnibus capitulis (liv. 2, chap. 16). » On ne peut pas lui opposer l'exception du sénatus-consulte macédonien; ou l'exception *non numeratæ pecuniæ.* Les seules raisons qu'on puisse objecter sont : que l'acte est faux; qu'il y a eu pacte de remise totale ou partielle intervenu avec le créancier, ou que le débiteur s'est libéré en payant ou en compensant; ce que le juge devra vérifier.

Ces questions doivent être résolues dans les trois mois (1) en première instance et dans les soixante jours en appel. Le débiteur apparent qui a laissé passer ces délais est tenu de payer provisoirement, mais en exigeant une caution du créancier; et si dans l'espace de trois ans il prouve qu'on lui a fait payer ce qu'il ne devait pas, on lui rendra non seulement le capital, les intérêts et les frais, mais encore le tiers de la somme payée ou de la valeur de la chose livrée. (Méry et Guindon, tom. 3, p. 77.)

Dans les sociétés et commandes, on pouvait opposer à l'acte public, que le navire et la marchandise avaient péri, parce que cela était l'équivalent du paiement.

Les statuts se préoccupent enfin du sénatus-consulte Velléien, qui déclarait nuls les engagements pris par les femmes dans l'intérêt des tiers. On ne peut pas, en principe, l'opposer à l'exécution d'un acte public, à moins d'établir que l'engagement était dans l'intérêt du mari. A quoi les créanciers peuvent répliquer que la femme a profité de l'argent emprunté. « Omnia vero que superius continentur sicut in maribus, sic in *feminis*, volumus observari, adeo quod nec tueri se possint contra instrumentum

(1) Si on oppose la compensation le délai n'est que de deux mois.

beneficio Velleiani ; hoc tamen salvo quod si qua mulier pro viro suo, se vel bona sua obligaverit pro re vel pecuniario debito qualicumque etiam in publico instrumento nichil præjudiciet mulieri. » Il y a donc ici une modification apportée au droit Romain, en ce que la femme peut s'engager, par acte authentique, pour les tiers mais non pour son mari. C'est précisément ce qui avait lieu avant le sénatus-consulte Velléien, d'après les textes du Digeste : « Et primo quidem temporibus divi Augusti, mox deinde Claudii, edictis eorum erat interdictum ne fœminæ pro viris suis intercederent. » (Ad. S.-C. Velleianum, f. 2, pr. D. liv. 16, tit. 1.) On en était revenu à moins craindre pour les femmes l'influence des tiers que celle de leurs maris.

SECTION IIe. — Des Avocats.

On ne voit pas dans les statuts, que les avocats fussent obligés de justifier, par des examens, de leurs connaissances en droit, car on distingue ceux qui sont lettrés de ceux qui ne le sont pas : « Statuimus quod si quis advocatus litteratus vel non litteratus conveniet cum aliqua persona. » (Méry et Guindon, t. 2, p. 218.) Un peu plus loin on lit : « Illi vero qui leges et decreta ignorant et publice patrocinari volent. » On fait sans doute allusion aux agents d'affaires qu'on trouve encore en très-grand nombre devant les justices de paix et le Tribunal de commerce de Marseille.

Il résulte de cela que la profession d'avocat était libre ; elle ne formait pas une corporation, un *collegium*, comme cela a eu lieu plus tard. Mais la commune imposait certaines conditions à ceux qui voulaient plaider pour autrui.

Il fallait d'abord jurer qu'on habiterait Marseille : « juret stagium et habitaculum villæ inferioris Massiliæ ; nec aliter ad postulandum curiis Massiliæ admittatur » (liv. 1, ch. 20). Puis on exigeait un second serment en vertu duquel l'avocat devait, dans les treize mois de son admission par le recteur, employer le tiers de sa fortune à acheter des immeubles à Marseille ou dans son territoire. On ne comptait pas dans ce calcul proportionnel les livres, les habits, les tentures et l'argenterie (1).

Les clercs ayant église, prieuré, sacristie ou archidiaconat dans le territoire de Marseille, ne peuvent pas plaider comme avocats à moins de renoncer à leurs bénéfices. (liv. 1, chap. 21.) On excepte le cas où l'affaire concerne leur église, la commune, eux-mêmes ou leurs parents jusqu'au troisième degré. Les autres clercs doivent prêter serment et établir leur domicile à Marseille.

Les avocats sont tenus de donner en tout temps leurs conseils à la ville, quand elle agit en demandant ou en défendant, pourvu qu'il n'y ait point en cause leurs parents, leurs alliés ou l'église dont ils sont clercs (liv. 1, chap. 24). Les statuts ajoutent cependant qu'on ne peut pas les forcer à consulter dans les causes criminelles : « *in causis sanguinis.* »

On connaissait à Marseille les avocats nommés d'office (liv. 1, chap. 22). Si la personne qui doit avoir un procès ne trouve pas d'avocat ou ne se contente point de celui qu'elle a, le tribunal, sur sa demande, lui en désigne deux au plus. L'avocat désigné, auquel on offre le salaire fixé par les statuts ne peut pas refuser de plaider, ou s'il le fait il n'obtiendra pas audience pour d'autres affaires, jusqu'à ce qu'il ait obéi aux sommations qui lui sont adressées (2).

Il est bien entendu qu'on n'oblige jamais un avocat à plaider contre ses parents ou alliés jusqu'au quatrième degré, contre ses amis, et contre ceux qui ont payé les frais de ses études. La vérité de ces excuses est appréciée par le tribunal qui peut exiger un serment affirmatif (conf. l. 7, Cod. de postulando, liv. 2, tit. 6).

On ne parle pas dans les statuts des pauvres qui ne peu-

(1) A Aix, les avocats prêtaient également un serment ; on les inscrivait sur un cartulaire et on leur donnait des lettres constatant l'accomplissement de ces formalités : « Et litteras testimoniales habeant de juramento facto. » (Giraud, 2, p. 84).

(2) A Arles, il est défendu à un avocat de la ville de plaider pour un étranger contre un Arlésien. — C'est là une décision peu généreuse et tout à fait contraire à l'esprit d'hospitalité que l'on trouve dans les statuts de Marseille (V. Giraud, 2, p. 243).

vent pas payer leurs avocats, mais dans les statuts de 1280, *super statu advocatorum provinciæ*, on lit : « primo promittet bene et fideliter pro clientulo suo advocare, et nullam causam injustam *scienter* et contra conscientiam suam manu tenere nec causam sibi commissam protelare seu differre, nisi ob justam causam vel expedientem sibi vel ipsi causæ, nec tractare de compositione sine sciencia clientuli sui, et sine fraude et dolo, et nihil accipere ab adversa parte, et advocare *pro pauperibus personis, viduis et orphanis*, nec dimittere timore alicujus potestatis. » (Giraud. 2, p. 82.) Nous pensons que cela était également appliqué à Marseille.

Les devoirs de l'avocat sont indiqués dans plusieurs chapitres; on y voit qu'il ne peut pas plaider en appel contre celui qu'il a défendu en première instance; de même on lui interdit de consulter contre son client ou ses héritiers à peine de vingt-cinq livres d'amende, ou d'un châtiment arbitraire en cas de non paiement (liv. 1, chap. 23). Cette règle est applicable même quand il y a eu simple promesse d'occuper avec ou sans salaire. L'avocat qui accepterait de plaider pour l'adversaire, sans la permission de l'autre partie, dont il avait la clientèle, serait condamné à une somme égale au montant du procès et privé à tout jamais du droit de plaider. En cas de non paiement on le noterait d'infamie et on l'exilerait (liv. 1, chap. 21). On pensait sans doute que le client avait déjà fait à l'avocat des confidences dont celui-ci abuserait en plaidant pour l'adversaire.

Ces pénalités ne sont pas applicables à l'avocat nommé d'office qui ne peut point refuser son ministère.

Les associations pour exploiter les fonctions d'avocats sont interdites : « Item advocati laïci nullam societatem, nullum monopolium cum aliquo juris peritorum de dicto officio peragendo habeant (1). » Ceux qui violent cette défense sont expulsés du barreau comme parjures et in-

(1) Des personnes affirment que cette défense n'a produit aucun effet à Marseille et que de nos jours encore on voit des associations entre avocats seulement, ou entre avocats et avoués. — Du reste il ne paraît pas que les clients aient jamais eu à s'en plaindre.

fâmes. On les condamne en outre à une amende de dix livres et en cas de non-paiement « fustigentur per civitatem. » Il fallait que ces associations eussent produits des effets bien fâcheux pour que l'on se montrât aussi sévère.

Les salaires des avocats n'étaient pas libres à Marseille, ni dans le statut de 1280 dont nous avons déjà parlé; au contraire, à Arles, on lit dans le chapitre 38 des statuts : « Item statuimus quod advocati habeant tantum quantum convenerint cum clientulis suis. »

Dans nos statuts on défend aux avocats de faire avec les clients le pacte de *quota lite*, c'est-à-dire de stipuler que si le procès est gagné, ils auront droit à une portion de la somme réclamée. (Méry et Guindon 2, p. 215. — f. 1 § 12, de cognitionibus extraordinariis. D. liv. 50. tit. 13.) Le chapitre 20 du premier livre, leur impose l'obligation de jurer de ne pas prendre pour honoraires, plus de six deniers par livre si l'importance de l'affaire est de 60 à 500 livres; au-dessous de cette somme le client et l'avocat s'entendent, sans que celui-ci puisse exiger plus de trente sous. Pour les procès plus importants, on ne peut jamais demander au delà de ce qu'il était permis de demander quand l'affaire montait à cinq cents livres; le calcul était fait sur la somme contenue dans l'acte de la demande appelé *libellus* (1). Il y a dans ce même chapitre une distinction curieuse entre les avocats qui savent le droit et ceux qui l'ignorent; ces derniers ne peuvent demander que deux deniers par livre jusqu'à la somme de deux cents livres; au-dessus ils ne peuvent pas recevoir plus de quarante sous et trois sous seulement quand l'affaire est au-dessous de quinze livres. Ces avocats : *leges et decreta ignorantes*, n'ont pas le droit de

(1) Dans le statut Provençal de 1280, on fixe également le salaire des avocats proportionnellement : deux sous par livre jusqu'à 100 livres; de 100 à 500 livres — 18 deniers par livre; de 500 à 1000 — 12 deniers par livre, sans que le salaire puisse jamais dépasser 50 livres. On payait à l'avocat moitié de son salaire après la *litis contestatio* et l'autre moitié après les plaidoiries: « Post quam conclusum fuerit et allegatum in causa. » Si les parties transigeaient avant la litis contestatio, l'avocat avait droit au quart du salaire, pourvu que la somme demandée ne dépassât pas cent sous. (V. Giraud, tome 2, p. 82.)

représenter plus de quatre personnes à la fois, dans les affaires où l'on agit : « tutorio, vel curatorio, procuratorio aut actorio nomine. »

Notons que si un procès était perdu par suite de la mauvaise rédaction de l'acte introductif d'instance, l'avocat qui l'avait rédigé devait rendre tous les honoraires reçus, dans les dix jours du jugement. Mais alors le juge était tenu de dire spécialement : « Quod ob hujus modi occasionem perdidit causam illam.» (Méry et Guindon tom. 2, pag. 217.)

SECTION IIIe. — Des Huissiers.

(Liv. 1. chap. 33).

Ceux qui veulent être huissiers (*Nuncii, Cursores*) doivent jurer sur les saints Evangiles, que pendant toute l'année, ils rempliront fidèlement les messages qui leur seront confiés par le recteur, les syndics, les juges et les notaires-greffiers des tribunaux.

Ils doivent également jurer de porter les insignes que leur remet la commune : « Quod portent baculos et calotas de signo communis Massiliæ, et illos baculos et calotas det eis curia. » Ces signes distinctifs sont évidemment la continuation des faisceaux portés par les licteurs devant les magistrats romains; plus tard, le faisceau est devenu un simple bàton, ou même une simple verge, de là le nom d'huissier à verge, usité dans les parlements. (V. Laroche-flavin, histoire des parlements, liv. 2, chap. 16, § 20 des Huissiers.) Ces bàtons jouaient à Marseille le même rôle que ceux des constables en Angleterre. La personne à laquelle on les présentait devait obéir et suivre le porteur devant le magistrat. On les confiait même aux plaideurs qui voulaient signifier eux-mêmes l'ajournement, à condition de les rendre à la *curia* après les avoir montrés : « statuimus quod baculi signati signo communis massiliæ, teneantur in curiis Massiliæ et quod quilibet cui *a suo adversario, vel alio*, ostensus fuerit baculus, ille statim incontinenti teneatur venire ad curiam. (1).»

Celui qui refusait d'obéir était condamné la première fois à 12 deniers d'amende; la seconde fois à deux sous; la troisième à cinq sous et ensuite à une peine arbitrée par le juge. Il fallait en outre rendre immédiatement à l'adversaire les frais des citations qu'il avait avancés (1)

Le salaire des huissiers était d'une obole par course dans la ville, et d'un denier dans les faubourgs. En dehors de la ville on traitait de gré à gré; s'il y avait difficulté le juge taxait.

L'huissier qui demandait plus que la somme fixée par les statuts, était condamné à une amende de six deniers par chaque denier réclamé en dehors du tarif.

A Aix l'huissier avait un denier en ville, deux deniers s'il fallait aller dans la ville de l'archevêque. (Giraud, tome 2, page, 22.)

TITRE QUATRIÈME.

Condition des personnes au point de vue du droit public.— Juifs. — Lépreux. — Bannis. — Etrangers.

On désigne par le mot *personne*, dans la science du droit: l'individu considéré au point de vue des droits dont il

(1) Il y a là un souvenir des lois germaniques dans lesquelles *l'admallatio*, appel devant l'assemblée des hommes libres, était faite par l'adversaire (voir loi salique, chapitre 1, loi des ripuaires, chapitre 32. (Dans Walter, tome 1).

(2) A Aix, d'après un statut de Raymond Bérenger, la peine était différente pour les chevaliers et les autres citoyens. — Les premiers payaient d'abord deux sous, puis quatre sous, puis dix sous. Les autres, douze deniers, deux sous et cinq sous; on doublait la somme pour ceux qui habitaient hors la ville et le juge pouvait faire saisir les biens : « puniat arbitrio suo qui venire contempserint in captionem bonorum contumacis, vel alio modo secundum quod judici videbitur expedire (Giraud, 2, p. 17).

peut-être investi, et des obligations auxquelles il peut-être soumis.

Or on sait que le droit positif se divise scientifiquement en : 1° Droit public réglant les rapports des individus avec l'état; 2° Droit privé réglant les rapports des particuliers entre eux soit au point de vue de la famille soit au point de vue de la propriété.

On retrouve cette division dans la commune de Marseille.

Au point de vue du droit public la règle est l'égalité devant la loi ; il n'y a pas de caste privilégiée dans la ville vice-comitale. On défend à tout citoyen juif ou chrétien de promettre hommage et fidélité à qui que ce soit. Les notaires ne peuvent dresser les actes constatant des promesses de censives ; non-seulement la convention est nulle, mais encore ceux qui l'ont faite sont condamnés chacun à dix sous d'amende (liv. 4, chap. 32).

Mais à un autre point de vue les statuts de Marseille ne pouvaient échapper aux influences de leur époque, aussi trouvons-nous certaines classes d'habitants moins favorisées que les autres ; en tête il faut citer les juifs.

Condition des Juifs a Marseille. — On a dit avec raison que l'examen de la condition des juifs chez les diverses nations, donne la mesure du développement de leur civilisation; on commence par les persécuter et à mesure que le progrès social se réalise on les admet à l'égalité civile et politique.

En France on les a tour tour chassés et rappelés suivant qu'on avait besoin de leur argent et de leurs connaissances en matières de finances. Cependant leur condition a été moins dure dans le midi, car on leur a presque toujours reconnu le droit de bourgeoisie.

Ruffi (1), raconte qu'au sixième siècle, il y avait un grand nombre de juifs à Marseille et plus qu'en aucune autre ville de France.

« Ils y avaient établi la plus célèbre de leurs synagogues.... dans les siècles suivants les juifs se multiplié-

(1) *Histoire de Marseille*, tome 2, p. 307.

rent de telle sorte à Marseille, qu'ils y firent bâtir deux synagogues une grande et une petite, toutes deux au quartier de Blanquerie, la grande était entre l'église St-Martin et celle des Prêcheurs (près de la porte de la Frache qui donnait sur le Cours Belzunce); ils avaient leur cimetière dans le terroir et non loin de la ville, il était situé sur une petite éminence appelée Mont-Jussien... ils avaient diverses *aumônes* qui étaient administrées par des recteurs que les vieux titres appellent : «*probis Elemosinæ piscatorum.* »

Mais il paraît qu'à Marseille, comme dans presque toutes les villes,de France et d'Italie, les juifs étaient obligés d'habiter un quartier séparé. Il y a encore la rue de la Juiverie, près de la nouvelle rue Impériale.

Dans une vente faite en 1216 à la commune de Marseille par le vicomte Raymond Geoffroy, ses enfants et sa femme, il se réserve sa tour avec la place qui est devant. On désigne les confronts dans les termes suivants : « Ab Oriente via publica, a Meridie Tholoneo, ab Occidente domibus quondam Bertrandi Fabri, a septentrione *domibus judæorum.*» (Méry et Guindon, tome 1, page 251.) Ruffi confirme cette donnée, tome 2, page 308 : « En l'an 1320, Michel, le moine inquisiteur apostolique de la foi, s'étant pris garde que les juifs de Marseille au lieu de rester dans *la Juiverie*, s'écartaient dans la ville et allaient habiter avec les chrétiens dont ils corrompaient quelques-uns par les mauvaises mœurs.... pour apporter remède à un aussi grand mal, il pria les Marseillais d'ordonner que ces gens-là ne pourraient prendre aucune autre demeure que celle de leur Juiverie. »

On rencontre dans les statuts un certain nombre de dispositions concernant les juifs.

Dès l'âge de sept ans, ils doivent tous porter sur la poitrine une *rouelle* large comme la main d'un homme (1); elle

(1) Ducange dans son glossaire prétend que la rouelle n'était obligatoire qu'à douze ans. — *Dans les statuts de Robert* (1306), il y a un chapitre intitulé : *ut judæi signum rotæ portent ut discernantur a Christianis :* « Statuimus ut juxta canonica instituta judæi portent signum notabile et apparens, videlicet rotam seu circulum in medio vestis superioris..... » (Giraud, 2, p. 67.) Dans

est de couleur *jaune* ; on leur défend de jamais la cacher. Les femmes juives mariées sont tenues d'avoir un voile qui leur couvre le visage. La violation de ces règlements est punie d'une amende de 5 sous, ou davantage à l'arbitraire du recteur (liv. 5, chap. 14).

Ceux qui tiennent des bains ou des étuves ne peuvent recevoir les juifs qu'un seul jour par semaine, le vendredi, à peine de 60 sous d'amende (liv. 5, chap. 13).

Les juifs ne peuvent pas travailler publiquement, *in aperto*, les jours de dimanches et les fêtes solemnisées par les chrétiens. Dans les statuts de Marseille, on leur inflige, en cas de contravention, une amende arbitraire (liv. 5, chap. 8). Dans les statuts d'Arles elle est fixée à vingt sous (chap. 146, Giraud, tome 2, page 234).

Dans les procès le témoignage d'un juif était accepté contre ses coreligionnaires, mais non contre les chrétiens : « Judæus vero contra judæum et paganum vel sarracenum et a converso ad invicem sive inter se admittantur » (liv. 2, chap. 9). A Arles, le juif pouvait témoigner contre un chrétien, mais il y avait alors un serment spécial, *more* judaïco ; on le retrouve dans le chapitre 193 des statuts ; il est si remarquable que nous croyons devoir le transcrire en partie.

Juras tu per Deum patrem Adonay ?

Respondet judeus : Juro.

Juras tu per Deum patrem omnipotentem qui dixit : *ego sum qui sum ?*

R. Juro.

Juras tu per Deum Eloy ?

R. Juro.

Juras tu per Deum qui apparuit Moysi in Rubo ?

R. Juro.

Juras tu per decem nomina Dei et sexcenta mandata et per hec nomina Dei ?

R. Juro.

un autre statut publié par un grand nombre de prélats, en 1337, et parmi lesquels on trouve l'archevêque d'Aix, l'évêque de Marseille, etc..... on n'impose la rouelle aux juifs qu'à l'âge de treize ans, et on les en dispense quand ils sont en voyage. — Les femmes juives doivent toujours être voilées en public dès l'âge de douze ans. Giraud, 2, p. 125.

Juras tu per totam istam legem quam Deus docuit Moysen famulum suum?

R. Juro.

Juras tu, si culpabilis es de hac re, et nomina Dei et legem ejus perjuras, mittat Deus super te turbam et febrem cotidianam et tercianam et quartanam; et mittat Deus super te defectum oculorum tuorum et angustiam animæ tuæ?

Respondet judeus. Amen.

Lucrum tuum comedant innimici tui et mittat deus super te iram suam et deficias ante innimicos tuos; et habeant super te innimici tui potestatem, et fugias, nemine te sequente.

R. Amen.

.... Item si te perjuras de hoc sacramento, comedas carnem filiorum tuorum, destruhat Deus cadaver tuum, et super corpora infantium tuorum adducat Deus mortalitatem pessimam.

R. Amen.

.... Et si tu de hoc sacramento te perjuras, declinet Deus cor tuum iniquum et pessimum et veniant super caput tuum omnia peccata tua et parentum tuorum et omnes maledictiones que in volumine legis Moysi et prophetarum scriptæ sunt.

R. Amen. Amen. Amen. Fiat. Fiat. Fiat. (conf. Beaumanoir, coutume de Beauvoisis, chap. 39, §. 63).

Il y a dans le chapitre 22e du 4e livre, une série de dispositions qu'on ne peut guère expliquer que par la défiance des juifs. Ainsi on ne peut pas en prendre plus de quatre à bord du même navire; on leur permet d'aller négocier où bon leur semblera excepté à Alexandrie.

Les juifs doivent avoir, en allant et en revenant, dans leurs voyages maritimes, une armure de fer pour défendre le navire. On leur interdit de manger de la viande, les jours où l'équipage fait maigre. On déclare enfin que la limitation du nombre des juifs à quatre, ne s'applique qu'aux navires partant de Marseille où se dirigeant vers son port.

Les bouchers ne peuvent pas vendre des viandes tuées par les juifs (liv. 2, chap. 33), et l'on retrouve cette prohibition dans tous les statuts du midi. A Salon on lit dans un chapitre : « Macellarii nullam carnem a judæis occisam vendant... » (Giraud, 2. page 260.) Dans les statuts de Robert on ordonne que la boucherie des juifs soit séparée de celle des chrétiens (Giraud 2, page 67). « Ne carnes a judæis judaïco modo mactatas et fortassis, eo accepto quod eis necessarium est, quasi superfluas venditioni expositas, a christianis emi contingat » (1).

On trouve dans les lois de cette époque diverses dispositions qui étaient fort probablement admises à Marseille, bien que les statuts n'en parlent pas. Ainsi dans les statuts de Charles II, comte de Provence (1248 à 1310) il est défendu aux juifs d'avoir des domestiques chrétiens. « Absurdum est ut blasphemus Christi judeus imperet orthodoxis, aut in christianos vim alicujus exerceat potestatis; unde districtius inhibebimus judæos cujuscumque sexus habere nutricem, vel ancillam, seu pedisecam christianam, vel nuncium aliquem christianum. Christiani vero seu christiana non presumant se subjicere judeis, modo aliquo prædictorum. » Il est absurde qu'un juif blasphémateur du Christ, commande à des orthodoxes, ou bien ait autorité sur eux. Dès lors nous défendons expressément aux juifs des deux sexes d'avoir des nourrices, des servantes, ou des serviteurs chrétiens. Que les chrétiens et les chrétiennes se gardent bien de se soumettre à l'autorité des juifs dans les cas ci-dessus indiqués.

On inflige une amende de dix livres au juif qui exerce la médecine pour les chrétiens malades ; du reste défense est faite à ceux-ci d'appeler à leur aide des médecins israélites : « quia ad curam infirmorum tales vocandi sint, qui non tantum corporis medela, quantum animæ monita suadent salutis. » (Statuts de Robert, Giraud 2, page 67.) Cette interdiction est répétée dans les statuts des prélats, mais seulement quand on peut se procurer des médecins chrétiens : «... nisi facienti immineret periculum et

(1) A Arles, on leur défend de tuer de la viande destinée à des chrétiens : « Et quod nullus judæus ausus sit occidere aliquot animal in domo christianorum : sub pœna vigenti solidorum. » (Chap. 12. Giraud. t. 2, p. 203.)

christiani periti, medici, physici, vel cyrurgici haberi commode in prœfato periculo copia non valeret. (Giraud tome 2, page 126.)

Il va sans dire que le mariage était défendu entre les chrétiens et les juives ; le statut des prélats considère cet acte comme ne pouvant être purgé que par une absolution épiscopale : « In coeunte cum judæa, sarracena vel bruto vel e contra. » (Giraud, tome 2, page 107) (1).

A Salon le juif était tenu d'acheter le pain, les poissons, la viande ou les fruits qu'il avait touchés. Le marchand qui lui permettait de toucher autre chose était condamné à six deniers d'amende. (Giraud, tome 2, page 251.)

Nous ne pensons pas que les juifs eussent à Marseille des juges spéciaux, mais il en était autrement à Arles. Papon rappelle un règlement de police donné aux juifs par l'archevêque en 1215. Il leur permet de nommer tous les ans, au mois de septembre, à la fête des tabernacles, trois hommes de bonne renommée pour les diriger et statuer sur leurs différents : « quibus nempe tribus ad vestrum regimen elatis atque statutis omnes alii judæi jurent obedientiam.... et illi tres correctores habeant plenariam potestatem in faciendis correctionibus quas expedire noverint pro reformanda observantia legis vestræ... et ne aliquis judæus.... subtilitate sua possit se substrahere a regimine illorum trium.... nos concedimus quod illi tres habeant plenariam potestatem ad tenendam justitiam cuilibet judæo de altero judæo. » (Papon tome 2, pièces justificatives, page 44.) L'archevêque ajoute que s'il y a dissentiments entre les trois juges des juifs, ils devront s'adresser à sa juridiction, qui nommera un ou plusieurs de leurs coreligionnaires pour examiner le procès. L'appel doit toujours être porté devant l'archevêque.

Les juifs achetaient et revendaient les perceptions des droits féodaux. En 1227, dans la vente du douzième des droits du port faite par Anselme aux Marseillais on disait : « Quam partem dominus Roncellinus donavit, laudavit et

(1) Beaumanoir. Coutume de Beauvoisis, tit. 18. § 8 : « se doit çascuns savoir que nus ne doit épouser..... ne juyve s'ele n'est avant chrestiennée. »

concessit cuidam Botino *judeo* et quam partem pater mei Guillelmi Anselmi emit a Duranto et Pelito *judæis*, filiis quondam dicti Botini. » (Méry et Guindon, tome 1, page 391.)

Les Lépreux. — Au treizième siècle, les lépreux étaient en quelque sorte mis hors la loi; on craignait de voir se propager cette maladie contagieuse, dont les historiens du moyen-âge nous font des descriptions si horribles. A Marseille on leur interdisait le séjour de la ville, si ce n'est pendant quinze jours avant Pâques et huit jours avant Noël, pour qu'ils pussent remplir leurs devoirs religieux : « Cum eorum conversatio ceteris sit indecens et dampnosa et eorum contagium possit de facili sanis hominibus inducere corruptelam. » On ne les punit pas s'ils violent cette défense, mais on inflige une amende arbitraire à ceux qui leur donnent asile (liv. 5. chap. 15) (1).

Les Bannis. — Tant que le bannissement durait les bannis ne pouvaient pas faire valoir leurs droits devant les tribunaux de Marseille. Les délits commis contre eux restaient impunis; les citoyens qui les recevaient, les aidaient ou leur fournissaient des vivres étaient condamnés à 25 livres d'amende si le bannissement avait été encouru pour homicide, trahison envers Marseille, aggression sur terre ou sur mer; dans les autres cas l'amende était seulement de 60 sous (liv. 5. tit. 26).

Les femmes de mauvaise vie. — Il leur était interdit de porter certains vêtements, comme des fourrures grises

(1) Dans Monteil, *Histoire des Français*, tome 1, p. 9, on trouve le récit de la cérémonie employée par l'église pour retrancher les lépreux de la société. On leur imposait l'obligation de porter un habit, appelé tartarelle de Ladre, et une cliquette qu'ils devaient agiter pour prévenir de leur présence. Les lépreux n'étaient pas ensevelis en Terre-Sainte.

Beaumanoir (chap. 39, § 33), leur refuse, le droit de témoigner en justice : « car coutume s'accorde qu'ils soient déboutés de la conversation d'autres gens. » Ils perdent leurs biens immeubles sauf à disposer du quint par héritage (Beaumanoir. — chap. 56, des maladeries, maisons où l'on renfermait les lépreux).

ou de l'hermine ; leurs manteaux devaient être faits d'étoffes bariolées, à peine de soixante sous d'amende et de fustigation si elles ne pouvaient pas payer : « publica autem meretrix intelligitur quæ publice in lupanari, seu meretricali domo, vel quæ se palam quæstum faciendo supponit. » Elles ne peuvent habiter dans les environs du monastère de Saint-Sauveur, c'est-à-dire dans la rue Vieille-Monnaie : « Usque ad carrieram Bernardi de bello loco et transit vel protenditur usque ad furnum Guillelmi Hugonis. » Il en est de même pour Notre-Dame-des-Accoules et divers autres quartiers indiqués aux statuts. Du reste partout ou elles sont, les honnêtes gens du voisinage peuvent exiger qu'elles partent.

La personne qui les loge malgré la défense est condamnée à une amende égale au loyer de l'année (liv. 5. chap. 12).

Des étrangers. — Les étrangers qui venaient en France au moyen-âge, étaient appelés *aubains (alibi natus)* ; les seigneurs féodaux voulaient en faire des serfs, mais le pouvoir royal, les prit sous son avouerie. Ils conservaient leurs franchises, seulement ils étaient soumis à des charges très-lourdes et quand ils mouraient tous leurs biens passaient au trésor royal sous le nom de droit d'aubaine.

A Marseille on suivait des principes tout différents, on cherchait à attirer les étrangers qui apportaient leur industrie et leurs richesses. « Cum utilius sit civibus Massiliæ res et pecuniam foritaneorum possidere et cum eisdem lucrum facere, quam prædictis rebus carere. » Conformément à ce principe, on faisait jurer aux magistrats, comme nous l'avons vu, de bien rendre la justice aux marchands étrangers ; de les protéger eux, leurs familles et leurs biens (Méry et Guindon tom. 2 p. 113) : « Et insuper jurabit rector quod faciat jus omnibus hominibus prædictæ civitatis Massiliæ, et omnibus aliis tam mercatoribus quam peregrinis in dicta civitate venientibus et hospitantibus. » (Méry et Guindon page 129-132).

Les étrangers étaient soumis aux lois de police ; ceux qui troublaient la paix de la ville pouvaient être punis *ex arbitrio vicarii*. Ils contribuaient pour leurs immeubles aux charges publiques; tous les ans le recteur ou les consuls faisaient faire un relevé détaillé de ces biens sur un cartulaire, afin de savoir combien il y en avait et à qui ils appartenaient, quand venait le moment de les imposer dans l'intérêt de la commune (liv 2. chap. 57).

Dans les contrats et dans la procédure on appliquait aux étrangers la règle de la réciprocité (1). « Volumus creditores extraneos debere uti apud nos in nostris curiis quo ad hoc quali jure et moribus in curia et dominatione sub qua illi sunt aut unde sunt, nostri cives Massiliæ aut ceteri homines extranei utentur. » C'est encore ce qui est répété dans le chapitre 27 du deuxième livre dont l'intitulé est ainsi conçu : « quod civis Massiliensis possit uti contra extraneum in alia jurisdictione, eo jure quo ipse extraneus contra civem uteretur in Massilia. »

La commune de Marseille tenait du reste à ce que bonne justice fût faite à ses citoyens qui étaient à l'étranger ; elle employait pour cela un moyen connu sous le nom de *laudum*, droit de représailles ou d'embargo. (Liv. 2, chap. 30.)

Quand un étranger est débiteur d'un Marseillais à la suite d'un contrat licite comme la vente, le *mutuum*, la société, et qu'il ne le paye pas, le créancier présente une requête au recteur ou aux consuls. Si après deux ou trois réclamations officielles, les magistrats de la cité étrangère ne font pas rendre justice au Marseillais, on lui donne le *laudum*, en vertu duquel il fait saisir tout ce qui appartient à son débiteur et même aux personnes qui sont du même pays. C'est là un *embargo* qui peut avoir pour conséquence la guerre avec une autre cité, aussi ne l'accordait-on qu'après avoir pris l'avis du grand Conseil assemblé au son du beffroi communal.

Ce droit de *laudum* avait été concédé en 1212, à la ville de Marseille, par les vicomtes Roncelin et Adhémar. (Méry et Guindon, t. 1, pag 227.)

(1) A Arles le principe était le même, statut, chap. 5 : « Taliter enim alios in nostra curia tractari volumus qualiter nostri in eorum curiis tractarentur.» (Giraud, tome 2, p. 187.)

Dans le même ordre d'idées, les statuts contiennent la défense de donner un sauf-conduit à celui qui a offensé un citoyen de Marseille, sans le consentement du plaignant. Dans le cas où la réclamation a été consignée sur le cartulaire de la ville, le Marseillais pourrait se faire justice lui-même s'il rencontrait son adversaire, malgré le sauf-conduit. Cependant ce droit n'existe plus s'il y a eu avec la ville, dont l'offenseur fait partie, une paix générale par laquelle on a entendu couvrir tous les griefs réciproques (liv. 5, chap. 32).

On ne confisque pas les biens des étrangers en temps de guerre: « decernimus quod propter illam guerram nihilominus res predictæ sint salvæ foritaneis dictis » (liv. 5, chap. 33). Les marchands ont vingt jours pour quitter la ville et emporter leurs marchandises. Dans ce délai ils peuvent les vendre, les mettre en dépôt, en disposer comme bon leur semble. Même pendant la guerre, si les étrangers n'ont causé aucun dommage à la ville ou aux habitants, ils peuvent obtenir du recteur et du grand Conseil la permission de rester à Marseille avec leur avoir (liv. 5, chap. 34). Cependant en cas de disette, si le blé et les farines montent à plus de quatre sous l'émine, les magistrats peuvent forcer tous les navires chargés de blé, de farine ou de légumes, qui sont dans les eaux de Marseille, à venir décharger leurs cargaisons sur la rive ou dans les magasins accoutumés et à les vendre aux cours actuel de la place (liv. 6, chap. 45). Il en était de même à Toulon. (Teissier, p. 70.)

Quand un étranger mourait *ab intestat* à Marseille, sans laisser d'héritiers naturels présents ou connus, le recteur faisait rechercher avec soin tout ce qui lui appartenait; on en dressait inventaire sur le cartulaire public de la ville; les meubles susceptibles de se détériorer étaient vendus à l'encan, et le prix conservé pendant un an et demi pour être rendu aux ayants droit qui justifieraient de leur qualité; ce délai passé il y avait attribution à la commune.

En cas de difficultés sur les droits du réclamant, la question était jugée par les tribunaux de Marseille: « jure ordinario procedatur secundum leges vel statuta, seu constitutiones civitatis Massiliæ inter dictas partes et dictum commune » (liv. 2, chap. 51). On appliquait donc à Marseille les principes du statut local pour les successions ouvertes dans le territoire. On sait que le Code Napoléon suit encore la même règle pour les immeubles (1).

Tant que dure le procès, l'héritier demandeur ne peut vendre son droit héréditaire qu'à la commune. Du reste, celle-ci même après la sentence qui lui est défavorable, a un droit de préemption sur les biens du défunt en payant à l'héritier ce qu'un tiers lui en offrirait : « Eo salvo quod commune Massiliæ possit eam hereditatem retinere, eo precio quo allius vellet ibi dare. » (Méry et Guindon, t. 3, p. 178.)

Il y avait quelques règles spéciales pour les étrangers en matière de procédure.

On accordait ordinairement un délai de *dix* jours utiles (quibus scierit poterit que) à partir de la remise de l'ajournement, dans les contestations entre Marseillais, pour comparaître devant le juge ; s'il y a des étrangers en cause il n'y a plus qu'un délai de *cinq* jours; il faut presser le jugement parce que l'étranger pourrait quitter la ville (liv. 2, chap. 4).

Le demandeur étranger qui attaque un Marseillais est tenu de fournir une caution de douze deniers par livre suivant la somme réclamée, pourvu que le défendeur soit lui-même en état de garantir la restitution du gage donné, sinon on plaidera sans cautions. On plaide librement contre les autres étrangers quelle que soit leur condition (liv. 2, chap. 5).

Notons enfin qu'on mentionne, dans les statuts, une institution analogue à la saisie foraine établie contre les étrangers par l'article 822 du Code de procédure civile. L'étranger défendeur attaqué par un Marseillais, doit donner une caution valable, sinon on saisit conservatoirement tout ce qu'il peut avoir à Marseille (liv. 2, ch. 6). Cependant si l'étranger n'a rien, et qu'il ne puisse se procurer des fidéjusseurs, on se contentera d'une caution

(1) Art. 3, § 2. « Les immeubles, même ceux possédés par des *étrangers*, sont régis par la loi Française. »

juratoire, c'est-à-dire de lui faire jurer qu'il payera la somme réclamée et les frais de justice.

Nous verrons, en parlant du commerce, que les étrangers ne peuvent vendre les marchandises qu'ils apportent que dans certaines localités indiquées : « statuimus quod aliquis extraneus vel civis non possit vendere pisces, nisi in piscaria communis, vel ante bruginos in scario navium. » (Liv. 1, chap. 49 in fine.)

DEUXIÈME PARTIE

Droit Privé

TITRE PREMIER

Organisation de la famille. — Mariage. — Puissance paternelle. — Tutelle. — Curatelle, etc.

La famille marseillaise paraît organisée dans les statuts, d'après des principes qui se rapprochent tout à fait de la loi romaine. Du moins le vocabulaire est le même ; ainsi quand on parle des avocats nommés d'office, on dit liv. 2, chap. 22 : « ne aliquis advocatus compellatur advocare contra aliquem vel aliquam qui vel quæ jungatur ei parentella *consanguinitatis vel adfinitatis* usque ad quartum gradum. » Dans le chapitre 44 du même livre on énumère les personnes dont il faut le consentement pour se marier; après avoir parlé des ascendants on ajoute : « vel eis deficientibus *agnatorum* vel *cognatorum* suorum meliorum. » On sait que les Romains entendaient par agnats, les collatéraux joints ensemble par une série de générations masculines non interrompue. Les cognats étaient les parents par les femmes. Encore que Justinien eût aboli, dans sa novelle 118, les conséquences légales attachées à l'agnation, on avait cependant conservé le vocabulaire ; du reste, au point de vue féodal et de la transmission des terres nobles, l'agnation avait encore dans notre droit une très-grande importance ; c'est à ce point de vue qu'on disait : « fief ne tombe pas de lance en quenouille. »

Les statuts ne contiennent rien, à notre connaissance, sur la légitimation et l'adoption qui étaient probablement réglées par le Code de Justinien.

On mentionne dans les statuts: 1° la puissance paternelle: « statuimus ut quicumque filius familias *in patris potestate constitutus vel sui juris* » (liv. 4, chap. 26) ; 2° L'émancipation faite devant les juges de la commune « Item apud quemlibet et eorumdem judicum possint fieri *emancipationes* » (liv. 1, chap. 4) ; 3° Les fiançailles dont on veut restreindre le luxe « quod nullus Massiliensis audeat vel possit portare vel facere portari aliquos brandonos cereos ad vigilias *sponsarum* hoc excepto » (liv. 2, chap. 42).

Plusieurs chapitres traitent du mariage et de la constitution de dot.

Des Mariages.—Le législateur marseillais qui ne veut pas qu'on fasse de l'association conjugale une spéculation d'argent, défend à tous les courtiers, juifs ou chrétiens, de rien recevoir pour leurs démarches s'ils se sont entremis pour rapprocher les futurs époux : « Hoc etiam statuentes quod aliquis christianus vel judæus, seu alius masculus vel fœmina, non possit vel debeat, seu audeat esse *corratorius* in Massilia vel ejus districtu, super aliquibus matrimoniis contrahendis. » (Liv. 2, chap. 40.)

On ne peut prendre une fille pour fiancée ou pour femme sans la volonté de ses ascendants : à leur défaut de ses *agnats* ou de ses *cognats* les mieux placés, ou enfin de son curateur (1). Celui ou celle qui manquerait à cette obliga-

(1) On lit dans les *statuts de Salon* : « statuimus ut nullus homo vel mulier de Salone, minor *viginti quinque* annis, non habens patrem vel matrem

tion, serait condamné sur son corps ou sur ses biens « (*in persona vel in rebus*) » suivant la volonté arbitraire du recteur (liv. 2, chap. 44).

Pour éviter des excès de luxe qui s'étaient manifestés à des époques antérieures, les statuts avaient promulgué des dispositions somptuaires sur la célébration des mariages, comme pour les fiançailles. On défendait d'inviter au banquet nuptial plus de trente personnes en dehors de la famille ; mais on permettait de faire des distributions de vivres aux indigents (liv. 2, chap. 42). Lorsque l'épousée n'était pas de Marseille, le mari pouvait avoir à dîner tous ceux qui l'accompagnaient le jour de la noce et le jour suivant, mais pas davantage, sous peine d'une amende de dix livres. Cela était également établi pour les étrangers qui venaient assister le marié.

Ici encore on défendait de conduire l'épouse avec des torches de cire. La contravention entraînait une amende de deux sous par torche; une fois arrivé dans la maison, le mari pouvait avoir toutes les lumières qu'il lui convenait « sicut decet in brandonibus vel aliis luminaribus. » (Liv. 2, chap. 42.)

Le père qui marie sa fille ne peut lui donner qu'un trousseau restreint : « Nisi tantummodo duplices vestes et illas *laneas* et nullatenus *sericas*, nisi forte in froidura pallii, et similiter non audeat vel liceat ei dare aliquatenus ultra duos lectos pannorum et si qua promissio adversus hoc vel aliquid horum facta fuerit à quocumque, nullatenus valeat vel teneat, omnique efficacia careat. » La sanction de cette règle était une amende de quinze livres prononcée par le recteur (liv. 2, chap. 42).

La polygamie et la polyandrie étaient proscrites à Marseille (liv. 2, chap. 42). Les statuts déclarent que si un mois après leur promulgation, on trouve encore dans la ville un homme, même étranger, ayant plusieurs femmes, on confisquera ses biens, on le déclarera infàme et on l'exilera à perpétuité. Cette pénalité est appliquée à la

non accipiat uxorem vel maritum, sine licentia sex ex propinquioribus generis sui, quos curiæ duxerit eligendos, et sine licentia nostra quando erimus in archiepiscopatu nostro. » (Giraud, tome 2, p. 259.)

femme ayant plusieurs maris : « Eadem dicimus in muliere habente duos viros firmiter observanda... Nisi antea per latam querimoniam curiæ seu denunciationem, vir, illegitima uxore dimissa, vel uxor illegitimo viro dimisso, redient ad legitimum, quo casu cesset bonorum publicatio et perpetuum exilium personarum. » (Liv. 2, chap. 43.) Ce statut porterait à croire qu'il y avait, dans les mœurs, un certain relâchement que le législateur voulait réprimer.

Le mariage se contractait à Marseille, comme à Rome, sans aucune formalité ; rien ne représentait l'intervention moderne des officiers de l'état civil et on sait qu'à cette époque il y avait discussion entre les théologiens sur la nécessité des cérémonies de l'église : c'est ce qui résulte d'un passage du chapitre 59, livre 5, des statuts. On suppose que l'existence du mariage affirmée par certaines personnes est niée par d'autres; il faut donc prouver : « Predictæ personæ conversentur vel conversatæ fuerint in præteritum et simul habitant vel habitaverint in eadem domo, *tanquam conjuges palam et publice* inter notos et vicinos earumdem personarum per *unum annum* et plus, intelligatur et præsumatur semper ex vigore hujus statuti, inter dictas personas ab inicio matrimonium fuisse contractum. » (Méry et Guindon, tom. 4, p. 199.) Mais l'adversaire peut établir que malgré la cohabitation continuée pendant plus d'un an, l'*affectus maritalis*, la volonté d'être mari et femme, n'existait pas ; qu'on avait cette femme : « *tanquam concubinam vel meretricem*. »

C'est encore le principe formulé au digeste : « concubinam ex sola animi destinatione æstimari oportet. » (Fr. 4, de concubinis. D. liv. 25, tit. 7.)

Quand un homme avait disparu depuis cinq ans et que le bruit de sa mort avait couru parmi ses voisins, on le considérait comme décédé : « Maxime si ab uxore illius et e contra, vel a parentibus et agnatis defuncti vel defunctæ fuerint factæ plantus. » Probablement qu'après ce délai le conjoint présent pouvait se remarier.

On appliquait à Marseille la présomption : « Is pater est quem nuptiæ demonstrant. » On considérait le mari comme père des enfants conçus pendant le mariage, sauf la preuve de l'impossibilité physique de cohabitation. (V. liv. 5, chap. 39. — Conf. fr. 1, § 15, de agnoscendis liberis. D. liv. 35, tit. 3.)

De la Dot. — La dot était une institution appliquée tous les jours; la femme apportait au mari des sommes d'argent ou d'autres biens pour l'aider à faire face aux dépenses du ménage.

On faisait un acte pour assurer la restitution de la dot à la femme, ou à ses proches : « Constituimus ut omnes mariti teneantur uxoribus suis... facere instrumentum vel concedere confessionis et recognicionis dotium » (Liv. 2, ch. 8.) Si le mari était fils de famille l'acte devait être signé par le père ou l'aïeul paternel, parce qu'ils devenaient propriétaires de la dot et par conséquent responsables de sa restitution. On joignait à cette reconnaissance l'estimation du trousseau apporté par la femme (liv. 2, chap. 18).

Les droits de lauds et de treizain, n'étaient pas dûs à l'occasion des immeubles donnés en dot ; il fallait seulement prévenir dans le mois, celui qui avait la *directe*, afin qu'il pût faire dresser l'acte constatant par qui seraient payées les censives, à quelle époque, à quel endroit, etc. (liv. 3, chap. 35).

Nous répèterons bientôt que la femme dotée par son père, sa mère ou ses ascendants, ne peut pas venir demander autre chose dans leur succession, s'ils laissent des héritiers mâles, et pourvu que la dot représente la légitime (liv. 2, chap. 35).

La dot était donc considérée comme un avancement d'hoirie; du reste cela n'empêchait pas de faire à la femme des libéralités par testament.

La question de l'origine de la dot, *unde habuerit mulier*, paraît avoir été résolue de diverses manières suivant les époques. Dans les statuts on présume qu'il y a dot profectice venant du père; autrefois, on ne dit point à quelle époque, il en était autrement : « Et præsumatur dotem dictam, esse *profectam* de bonis patris et non de bonis matris, nec aliunde ut *olim* per statutum præsumabatur. » (Méry et Guindon, t. 3. p. 186.) Si la femme ainsi dotée meurt pendant le mariage en laissant des enfants, la dot leur appartient; s'ils meurent eux-mêmes avant leur grand-père *maternel*, celui-ci reprend, par droit de retour, la moitié de la dot qu'il avait donnée à sa fille, l'autre moitié reste au mari père des enfants. Dans le cas où la femme mourait sans laisser d'enfants on appliquait la règle du droit Romain : « Mortua in matrimonio muliere, dos a patre profecta ad patrem revertitur. » (Ulp. reg. cap. 6, § 4.)

Il ne paraît pas que l'on tînt beaucoup à Marseille au principe de l'inaliénabilité de la dot; on suivait l'ancienne loi Julia de fundo dotali, plutôt que les règles établies par Justinien dans sa compilation.

On sait que la loi Julia distinguait l'hypothèque de la vente du fonds dotal. Le premier acte était formellement interdit; on craignait que la femme mariée, comptant sur les ressources de l'avenir, ne consentît trop facilement à donner son immeuble en gage; la vente au contraire était permise avec le consentement de la femme. Comme il fallait faire la tradition de la chose vendue, s'en dessaisir matériellement, on pensait que cette nécessité la ferait réfléchir.

Justinien généralisa la prohibition d'aliéner le fonds dotal; la femme n'eût plus le pouvoir d'y consentir, sans distinguer si l'immeuble était situé en Italie ou dans les provinces.

Dans les statuts de Marseille on allait même jusqu'à permettre d'engager la dot; nous lisons dans le livre 2, chap. 16 : « Sed si rem aliquam mobilem vel immobilem *dotalem*, vel non dotalem, mulier sola vel cum marito alienaverit, et continéatur in instrumento facto *per manum notarii* hujus civitatis, quod mulier sponte alienavit seu se *obligavit* et juravit non contra venire, ratum ac firmum habeatur, nec possit probare mulier se fuisse deceptam vel compulsam (1). » Il résulte de ce texte que l'acte doit être notarié, et qu'il n'en serait pas ainsi dans le cas où l'aliénation serait faite par acte sous seing-privé.

Les Mineurs lésés jouissaient du bénéfice de la restitutio

(1) Le principe est le même dans les *statuts de Salon* : « Statuimus quod tales alienationes ratæ sint et firmæ in perpetuum. » (Giraud, 2, p. 251.)

in integrum, comme dans les lois du digeste : « gaudeant jure suo pleno et integro circa restitutionis beneficium cum se *læsos* cognoverint. » Peu importe que la lésion résulte d'un contrat nommé ou innommé. (Méry et Guindon, tome 3, p. 80.) (1)

On avait organisé, pour protéger les incapables un système de tutelle et de curatelle bien complet.

Le père pouvait nommer à ses enfants un tuteur testamentaire qui passait avant les autres parents s'il était capable (liv. 2, chap. 45). Si l'on pensait que la capacité des tuteurs laissait un peu à désirer à cause de leur âge, de leur condition sociale, la justice leur adjoignait une ou plusieurs personnes qui administraient les biens du pupille et dirigeaient son éducation.

En absence de tuteurs testamentaires, on donnait la tutelle aux ascendants mâles paternels ; à leur défaut les juges nommaient la mère tutrice, si elle voulait accepter (conf. cod. Nap. art. 394). Mais on lui adjoignait un cotuteur, et les statuts donnent la raison de cette précaution en employant le même vocabulaire que les jurisconsultes de Rome quand ils parlent de la femme : « propter fragilitatem sui sexus. » (Méry et Guindon, t. 3, p. 161.)

S'il n'y a pas de parents qu'on puisse charger de la tutelle, la justice choisit un ou plusieurs voisins, parmi ceux qui connaissent les biens des mineurs ; la personne désignée ne peut pas refuser : « Et eosdem taliter electos providos tamen et fide dignos ac locupletes, *compellere*, si necesse fuerit ad dictam tutelam subeundam. » (Liv. 2, chap. 42.)

Les tuteurs testamentaires ou autres, doivent faire faire, au plus tôt, un inventaire par acte notarié, de tous les biens des pupilles.

Les meubles sont vendus à l'encan au plus offrant ; l'argent produit par cette vente, et les capitaux venant de toute autre source sont placés chez les négociants sol-

(1) Ce vocabulaire : « Ex quacumque causa vel contractu nominato vel innominato descendant..... » est extrêmement remarquable, en ce sens qu'il n'est pas emprunté aux Romains, mais qu'il indique à partir de quelle époque les jurisconsultes s'en sont servis.

vables de Marseille : « ad lucrum vel questum inde licite faciendum.» (Méry et Guidon, tom. 3, p. 160.) On voit que les statuts n'admettaient pas la règle du droit canonique : « pecunia non parit pecuniam. »

Si cependant les pupilles sont *proximi pubertatis*, sur la limite de la puberté, ou si l'on pense qu'il y a intérêt à les garder, les meubles ne seront pas vendus. Les statuts donnent, pour exemples des choses à garder, les vaisseaux vinéaires ou les animaux attachés à la culture des champs. (Méry et Guindon, tom. 3, p. 161.)

Les règles appliquées aux pupilles doivent être suivies par les curateurs des fous, des sourds-muets, des imbéciles ou de toute autre personne incapable d'administrer ses biens : « Et quibus *invitis* dantur etiam a jure curatores.» On nomme ici les curateurs aux mineurs de vingt-cinq ans, malgré eux ; cela remonte à Marc-Aurèle. — Avant lui : *inviti adolescentes curatores non accipiebant* (Instit. liv. 1, tit. 23, § 2). Mais nous lisons dans Julius Capitolinus, vie de Marc-Aurèle, chap. 10 : « De curatoribus vero cum antea non nisi ex lege Plætoria, vel propter lasciviam, vel propter dementiam darentur, ita statuit ut omnes adulti, curatores acciperent, non redditis causis.» C'est la doctrine appliquée à Marseille et qui a passé dans le Code Napoléon, article 480.

Sont exclus de la tutelle et de la curatelle : ceux qui ne jouissent pas d'une bonne réputation ; ceux qui ont fait cession de biens, à moins que, depuis, leurs créanciers n'aient été désintéressés par un paiement effectif ou par un concordat concédé : « Vel cum eis concordarent. » (Liv. 2, chap. 46.) Cette expression de concordat a passé dans le langage moderne pour exprimer la remise faite par la majorité des créanciers au débiteur failli. — Quant au principe en lui même il était déjà mentionné dans les ouvrages des jurisconsultes romains (v. f. 7, § 19 de pactis D., liv. 2, tit. 14.)

Les tuteurs ou curateurs qui administraient mal, étaient destitués comme suspects : « vel ut suspecti essent remoti, aut viderentur removendi.» (Méry et Guindon, t. 3, p. 158.)

Une règle assez bizarre, contenue dans le deuxième

chapitre du troisième livre, donne aux tuteurs qui ont fait des dépenses utiles (1) sur le fonds du pupille, le droit de rétention (*retentionem habeant*) jusqu'à ce qu'ils soient payés. S'il y a difficulté sur la somme on nomme des arbitres : « Arbitrio proborum virorum, vel cognitione magistrorum scilicet lapidum et lignorum ad ea arbitranda statutorum a curia Massiliæ terminetur vel sapiatur, pro ut illis magistris sacramentis ab eis interpositis, bona fide videbitur facienda. » (Méry et Guindon, t. 4, p. 30.)

TITRE DEUXIÈME

De la propriété et des obligations contractuelles au point de vue du droit civil.

Les statuts ne contiennent pas un grand nombre de dispositions sur la propriété et les modes soit d'acquérir soit d'aliéner. Cela se comprend; dans la pratique on avait recours au droit romain ou au droit coutumier de la commune Marseillaise.

Il y a cependant certaines règles à signaler :

Nous avons déja vu que les statuts proclamaient l'inviolabilité de la propriété privée, et que ce principe ne cédait qu'en présence de l'utilité publique, moyennant une juste et préalable indemnité (liv. 3, chap. 8).

Quant aux modes d'acquisition considérés en eux-mêmes, on les divise scientifiquement en diverses catégories : 1° les modes *originaires*, appelés : occupation des choses sans maître; invention du trésor et des épaves; chasse des animaux sauvages; pêche des poissons dans la mer ; 2° les modes *dérivés* dans les quels il y a transmission de la propriété d'une personne à une autre.

(1) On entend en droit par dépenses *utiles*, celles qui augmentent la valeur d'un fonds.

Ici on fait une subdivision :

A. Modes dérivés entre vifs : { à titre onéreux. à titre gratuit.

B. Modes dérivés à cause de mort................. { successions ab intestat. successions testamentaires

Nous allons appliquer ces divisions aux dispositions contenues dans les statuts.

1° *Modes originaires.*

Nous ne trouvons pas de chapitres applicables à l'occupation, à l'invention du trésor ou des épaves, on devait suivre les textes de la compilation justinienne.

Pour la chasse il y a divers réglements : ainsi la chasse aux lapins n'est permise que pendant un mois, en commençant quinze jours avant la Noël. On ne peut chasser que chez soi ou dans les terres gastes (terrains vagues). Celui qui chasse dans la propriété d'autrui paie une amende de vingt sous, si le délit a été commis le jour, et de soixante sous, s'il a été commis la nuit. L'amende est partagée entre la commune et le dénonciateur ; il faut en outre rendre les lapins aux propriétaires ou en payer la valeur. Le statut ajoute que pour les cas non prévus on s'en rapportera aux usages : « Id quod usitatum est seu consuetum in terra ista.» (Liv. 5, chap. 16.) Il résulte de l'obligation de rendre les lapins ou leur valeur, qu'on les considérait comme étant la propriété du maître du sol ; théorie qui n'était pas vraie au temps des institutes et qui est également repoussée par le Code Napoléon.

Celui qui traverse, en chassant, des vignes ou des terres cultivées, doit payer trois sous d'amende sans préjudice des dommages et intérêts (liv. 5, chap. 19). Quand on prend au filet des pigeons domestiques, on doit non seulement les rendre, mais encore on est condamné à payer vingt sous d'amende par pigeon, moitié pour l'accusateur moitié pour la commune; les filets sont confisqués (liv. 6, chap. 55).

Les statuts ne contiennent rien de spécial sur la pêche des poissons, seulement on défend de les acheter *pour les revendre*, à l'exception des espèces suivantes : « Nisi essent tunni, locustæ, seu qui caperentur in zonaria, et pisces minuti scilicet Sardinæ, Jarretti, Seveleti, Boguæ, Aurioli, Toutenæ, Sipiæ, Polypi, et qui contra fecerint pisces amittant, et in quinquagenta solidos vicibus singulis puniantur.» (Liv. 5, chap. 7.) On veut que la vente soit faite par les pêcheurs eux-mêmes ou leurs familles, et ils ne peuvent l'effectuer que dans la poissonnerie de la commune, ou sur la rive en abordant (liv. 1, chap. 49).

Tous les poissons doivent être vendus frais et sains; si les poissons salés sont atteints de pourriture il faut rendre le prix à l'acheteur. Même pour les espèces permises, les revendeurs ne peuvent rien acheter pendant le carême, avant midi, à moins qu'il ne s'agisse de poissons pris au filet qu'on appelle : *bourgin*. La contravention est punie d'une amende de vingt sous, partagée entre la commune et le dénonciateur.

Défense est faite aux pêcheurs et aux revendeurs de laver le poisson hors de la poissonnerie et de jeter l'eau dans les rues : l'amende est de douze deniers.

Pendant tout le carême jusqu'au dimanche de la semaine sainte, les revendeurs de poissons ne doivent pas se tenir ailleurs que dans le marché du *Tholonet*, lieu ou l'on perçoit les impôts. Pendant ce temps les Marseillais non revendeurs peuvent vendre leurs poissons à la poissonnerie de la commune (liv. 1, chap. 50).

2° *Modes dérivés entre vifs.*

Parmi les modes dérivés de translation de propriété entre vifs, le plus fréquent c'est la vente, qui peut être constatée par acte notarié ou par acte sous-seing privé.

De la vente et du bail à cens. — Les actes notariés prouvant les ventes, achats, emphythéoses, etc... réalisés par les Marseillais ne pouvaient être faits, comme nous l'avons dit, que par les notaires de la ville : « nisi instrumentum illud fiat et fieri debeat per publicum notarium vice-comitalis Massiliæ. » (Liv. 2, chap. 9.)

La vente ne paraît pas être, dans les statuts, un contrat purement *consensuel*, les textes exigent, comme dans le

Petrus (1), qu'il y ait, outre la convention des parties sur la chose et sur le prix, certaines formes extérieures, comme la *percussio manus* (l'action de toper suivant une expression vulgaire) et aussi la remise du denier à Dieu, ou des arrhes qui sont dans ce cas : *argumentum emptionis contractæ*. Alors disent les statuts la vente est parfaite : « ex tunc rata et firma habeatur, quantum ad eos inde contrahentes et eorum heredes ac si res ipsa fuisset ipsi emptori tradita, et pretium inde numeratum venditori.» (Liv. 3, chap. 6.) Il y a là une allusion au droit romain dans lequel la propriété n'était transférée que par la tradition et même par le paiement du prix quand on avait vendu au comptant.

Dans les statuts de Salon on lit : « Statuimus quod omnis emptio venditio rata sit et firma perpetuo, si facta fuerit *cum denario dei* juridico et recepto, et ille denarius sit operis ecclesiæ beati Laurentii.» (Giraud, t. 2, p. 254).

Au treizième siècle les principes féodaux s'étaient introduits à Marseille dans une certaine limite; on y trouvait des biens dont la propriété était en quelque sorte divisée entre deux personnes ; l'une, espèce de seigneur suzerain, ayant, ce que les feudistes appellent : le domaine *éminent*, ou la *directe* ; l'autre propriétaire effectif, ayant le domaine *utile*, c'est-à-dire la jouissance réelle du bien. Ces dernières personnes ne pouvaient aliéner qu'à la charge de payer à celui qui avait la *directe*, certains droits pécuniaires appelés : *treizains* (droit d'exiger un denier sur treize), droits de lauds et ventes. Mais ces prestations n'étaient pas dues quand on donnait la chose en dot (liv. 3, chap. 35), ou quand l'aliénation n'était que simulée : « simulatæ hoc est ad certum tempus, simulata autem intelligitur esse illa venditiq vel alienacio, quando de illa venditione vel de alienacione ad certum tempus rescindenda convenerit inter partes, cum instrumento inde facto, vel eciam sine instrumento.» (Méry et Guindon, tom. 4, p. 72.) Une fois le délai expiré, le vendeur pouvait forcer l'acheteur à parachever le contrat, alors celui qui

(1) Sur le Petrus — V. (De Savigny, *Histoire du droit Romain au moyen âge* — tome 4. — *Et notre précis d'histoire du droit français*, p. 121.)

avait la directe (ille qui habet directum dominium) touchait le treizain et confirmait l'aliénation en donnant l'investiture à l'acheteur qui devenait débiteur pour l'avenir de toutes les censives.

Les statuts mentionnent, dans le même chapitre, un droit de préemption appartenant à l'un comme à l'autre propriétaire, si l'on fait des : *venditiones simulatæ ad tempus.*

Le vendeur qui tient à cens, doit avertir celui qui a la directe, avant la fin du mois, qu'il a l'intention de vendre. Le suzerain peut offrir la somme promise par le tiers acheteur et il réunit ainsi les deux domaines. Si l'avertissement n'avait pas été donné régulièrement, celui auquel appartenait la *directe*, pouvait expulser tout nouvel acquéreur en lui remboursant son prix d'achat.

Ce principe se retrouve dans d'autres statuts; mais ce que nous croyons spécial à Marseille c'est qu'on donne aussi le droit de préemption au censier, si celui qui a la directe veut vendre sa seigneurie : « Et quod diximus supra prope, licere *directo* domino quando prædicta possessio ut supra dictum est, simulatæ transfertur, volumus similiter ut liceat illi *possessori* habitanti in Massilia, qui pro dicta re censum præstabit, quando dictus dominus major, cui præstandus erat ille census, voluerit jus secum transferre in alium simulate ut supra dictum est.» — (Liv. 3, chap. 35.)

Si le treizain est dû à des *Mascarats* (personnes bannies comme tenant à la faction des Gibelins), on le paiera soit au viguier soit aux syndics de la commune et l'acheteur n'aura pas à craindre la *commise*, c'est-à-dire l'expulsion du fonds (liv. 3, chap. 36.)

Tous les baux à cens, antérieurs aux statuts, sont confirmés dans le chapitre treizième du troisième livre, où l'on traite des obligations du tenancier.

Le cens en blé et autres denrées est déclaré *portable*; le preneur doit le payer au double s'il est en retard de trois mois ou de six mois suivant l'importance de la somme; « Et hoc si census ille erit a XII den. usque ad V solid. » Au-dessus : « a V solid. usque ad XX solid. tum dominus illum censum post dictos sex menses ab eo efficaciter possit exigere vel petere cum pœna de duobus tres. »

Le cens en argent est quérable : « Nec teneatur rei possessor offerre domino censum non petitum ab eo, vel ad domum ejus portare nequaquam teneatur.» Le créancier doit venir le réclamer, et le débiteur qui se laisserait mettre en demeure sans payer, serait soumis aux peines que nous venons d'indiquer.

S'il y a eu défaut de paiement du cens pendant trois ans et huit jours, le propriétaire de la directe ferme la maison ou reprend les champs qu'il garde jusqu'à ce que le tenancier se soit acquitté tant des censives dues que des peines auxquelles il s'est exposé. En cas de contestation sur le fait de paiement, le juge défère le serment soit au maître soit au tenancier selon qu'il le croit convenable.

Les statuts de Marseille défendent de créer des censives pour l'avenir, sous peine de nullité et d'une amende égale au treizain prononcée contre celui qui stipulerait le cens en sa faveur. Il est interdit aux tabellions de faire ces actes, mais on leur permet de recevoir les reconnaissances des baux à cens antérieurs : « Facere instrumentum sive cartam recognicionis dictorum censuum scribendam per manum publici notarii Massiliæ, continentem res illas cum suis confrontacionibus... »

A moins de conventions contraires, le preneur à cens, peut délaisser le fonds pour se soustraire au paiement de la redevance.

Ces diverses dispositions sont tout à fait conformes aux tendances de la commune de Marseille qui craignait de voir renaître une féodalité foncière, dont elle avait cherché à se débarrasser par de nombreux rachats.

Le vendeur de meubles non payé, avait un privilége sur le prix de la chose, soit qu'elle eût gardé sa première forme, soit qu'elle eût été transformée ; par exemple, disent les statuts ; si avec des peaux brutes on a fait du cordouan ; si avec de l'argent on a fait des vases ou des anneaux ; si avec des raisins on a fait du vin (1)... Lorsque la solvabilité de l'acheteur est douteuse et qu'il ne s'est pas écoulé une année entière, le vendeur peut revendiquer la

(1) Il en est autrement dans l'art. 2102 § 4 du Code Napoléon.

chose dans les mains de son débiteur et même dans celles des tiers auxquels il l'aurait confiée, engagée ou vendue : « In posse illius cui dictus emptor eam rem obligaverit vel alienaverit dum tamen eam non tenuerit per annum continuum bona fide et sine fraude. » Ce droit de suite appliqué aux choses mobilières est une continuation des principes du droit Romain qui permettait même de les hypothéquer ; mais on sait qu'il en est autrement dans notre législation actuelle qui a consacré la règle du droit coutumier : en fait de meubles possession vaut titre. (art. 2279 Code Nap.)

Si la chose vendue est augmentée de valeur, la plus-value profite aux autres créanciers, après que le vendeur a été payé (liv. 3. chap. 7).

Certaines ventes étaient soumises à des règles tout à fait locales. Les jambons et autres viandes salées ; l'étain en lingot ou bien ouvragé ne pouvaient être vendus qu'au quintal et autres poids de Marseille. On proscrivait les poids étrangers : « Non habeat locum quintale sparroni.» Les chanvres importés ne pouvaient pas être vendus au détail par les importateurs (liv. 3. chap. 13.) Le blé, le sel, les légumes secs se vendaient à l'*émine*(1) : le mesureur avant de raser ce qui dépassait les bords de la mesure, devait la frapper une fois avec la *rasoire* de bois de hêtre. S'il ne le faisait pas il payait six deniers d'amende, et à défaut de paiement il était fouetté publiquement (liv. 3. chap. 14.) L'émine, garnie de croisillons de fer, est marquée du signe de la ville pour garantir qu'elle a la contenance légale ; le coup du mesureur est donné entre les deux cercles de fer. (Méry et Guindon, tom. 4. p. 41.) Il est à remarquer que ces formalités sont en vigueur sur les marchés de Provence ; à Aix on ne frappe plus la mesure, on se contente de raser. Dans le langage usuel on se sert du vocabulaire des statuts ; aujourd'hui encore on achète à tant l'émine, à tant la millerole ; cependant pour le blé on se sert surtout du mot : *charge*, qui représente cent soixante litres.

(1) Environ le quart de l'hectolitre.

Des servitudes. — Les statuts ne contiennent presque rien sur les servitudes établies par testament ou par convention entre vifs. Quant aux servitudes légales on en dit peu de chose; on pose en principe que les propriétaires de fours doivent les établir de manière que la fumée ne puisse incommoder ni les habitants des maisons voisines, ni les personnes qui passent dans les rues; puis il y a quelques règles sur le mur mitoyen.

Chacun des copropriétaires peut réparer le mur mitoyen et même l'élever malgré l'opposition du communiste. Si on prétend que les travaux compromettent la solidité du mur, on soumet la difficulté aux *magistri murorum*. Le copropriétaire du mur peut se servir des travaux élevés, pour y appuyer ses constructions à charge de rembourser la moitié des dépenses, alors le constructeur doit fermer les ouvertures qu'il avait établies dans l'exhaussement du mur : « Et si forte primus edificator dicti parietis fenestras vel canales aliquas in eo pariete fecerit, *nulla obstante præscriptione temporis*, secundo edificans illas fenestras claudere et super canales dictas edificare possit et liceat ei. »

On peut toujours acheter la moitié d'un mur pour y appuyer ses travaux et sa poutre; en cas de désaccord sur le prix, les *magistri murorum* statuent.

Enfin si le mur mitoyen menace ruine l'un des copropriétaires peut forcer l'autre à la reconstruction jusqu'à la hauteur nécessaire pour qu'on ne puisse pas aller d'une maison à une autre : « Ne de una doma ad aliam quis venire possit. »

Emphyteose. — On sait que l'emphytéose est un contrat par lequel on remet, pour un temps déterminé, un immeuble à une personne qui s'engage soit à le mettre en culture, soit à le couvrir de constructions et en outre à payer une certaine redevance. Les lois Romaines s'en sont occupé souvent; Zénon en a fait un contrat spécial : *Suis pactionibus fulciendum* (1), Dans les statuts on rappelle que si l'emphytéote veut vendre son droit, il doit prévenir le

(1) Voir notre *Traité de Droit Romain*, t. 2. p. 177 à 183.

propriétaire qui peut exercer la faculté de préemption, en offrant le même prix que le tiers acquéreur (liv. 3. chap. 29. — conf. l. 3, code de jure emphiteutico, liv. 4. tit. 66.)

On avait aussi admis la réciproque comme dans le bail à cens. A défaut d'offre faite à l'emphytéote, celui-ci pouvait expulser l'acheteur en lui remboursant le prix payé, et si on refusait de passer un acte de rétrocession le jugement en tenait lieu. (Méry et Guindon tom. 4 p. 58.)

Au point de vue de la création des droits personnels il n'y a encore dans les statuts que des jalons, la théorie complète étant dans les textes du droit Romain ; cependant on mentionne divers contrats que nous allons indiquer.

Le louage. — On voit pour le louage de services que celui qui ne tient pas ses promesses, perd ses gages et doit des dommages et intérêts, sans préjudice d'une amende de vingt sous auquel il peut être condamné. (liv. 5. chap. 47.) D'un autre côté les domestiques n'ont pas le droit de se plaindre des coups donnés par les maîtres, s'ils ne présentent point une certaine gravité, par exemple un membre brisé, un œil arraché, etc.; car dans ce cas le maître doit être puni (liv. 5, chap. 2. conf. f. 53, ad legem Aquiliam D.-liv. 9. tit. 2.)

Le locateur de maison auquel on ne paie pas la redevance peut fermer les portes et garder pour s'indemniser les objets apportés par le locataire pour garnir les lieux. Les statuts disent : « Omnia quæ ibi invecta et illata a dicto inquilino si voluerit sibi obligata retinere pro mercede prædictæ domus... » (Liv. 3, chap. 28.) Ce sont précisément les expressions dont se sert Ulpien dans le fragment 6 au digeste, in quibus causis liv. 20 tit. 2.

Il résulte du chapitre 32 liv. 3e que pour les vignes et les fonds de terre on employait soit le bail à prix d'argent (à rente fixe), soit le bail à mégerie avec des colons partiaires. On s'occupe également dans cette partie des statuts, de la résiliation du contrat faute de culture des biens. Le propriétaire peut reprendre sa chose après trois ans pour une vigne , après cinq ans pour tout autre fonds ; pendant ce laps de temps il fait cultiver à ses frais, sauf à retenir les dépenses sur la part des fruits qui aurait dû être attribuée au méger : « Et de fructibus inde provenientibus expensas illas precipere sive deducere » (liv. 3. chap. 32). Le locateur ne peut pas augmenter les charges du fermier pendant la durée du bail, même quand il vend le fonds (liv. 3. chap. 33-34).

Du prêt a intérêt. — Dans l'antiquité on discutait déjà sur la légitimité du prêt à intérêt. Les livres de Moïse (exode 22. — Deutéron. 19, vers. 19-20) contiennent une distinction que tout le monde connaît. Le législateur défend le prêt à intérêt entre les Israëlites :« Pecuniam fratri tuo non fœneraberis. » Mais il le permet vis-à-vis, des étrangers.

En Grèce, les lois de Solon permettaient le prêt à intérêt sans limite, ce qui était conforme au caractère commercial du peuple Athénien. Cependant les philosophes discutaient: Aristote, condamnait le prêt d'argent à bénéfices, parce que, suivant lui, l'intérêt n'était que la multiplication de l'argent par lui même; ce qui constituait une acquisition contre nature. En un mot, il mettait en avant la formule qu'on a si souvent répétée au moyen-âge: « pecunia non parit pecuniam ». Plutarque (an 50 ap. J.-C.), a fait également un traité contre l'usure ; mais ces protestations n'empêchaient pas la pratique qui avait pour elle la raison et l'utilité.

A Rome, tous les législateurs on admis le prêt à intérêt; le taux a seulement varié, il était illimité avant la loi des 12 tables; fixé d'abord à 8 % — puis porté à 12 % comme maximum du taux légal, il lui arrivait souvent de ne pas dépasser dans la pratique 5 ou 6 %. — Enfin, Justinien établit une sorte d'échelle proportionelle suivant la condition sociale du prêteur : 1° Les personnes illustres et au-dessus de ce rang ne peuvent prêter qu'au taux de 4 %: — 2° les négociants ont le droit de demander 8 %; — 3° les particuliers et les villes 6 %; — 4° dans le nauticum fœnus (prêt à la grosse aventure), le maximum est de 12 %.

Les Pères de l'Eglise entreprirent de leur côté une croisade contre le prêt à intérêt, en faisant ressortir les abus qui en résultaient souvent; c'était en effet une époque de misère effroyable résultant des famines, des exactions des magistrats et des invasions des barbares. En pratique l'intérêt dépassait cinquante ou soixante pour cent. L'éloquence des Chrysostôme, des Basile, des Lactance, etc., s'exerça sur ce sujet. — On assimila le prêt à intérêt au vol,... c'était récolter ce qu'on n'avait pas semé,... c'était une fécondité pestilentielle (pestiferum uterum). Ces attaques eurent des succès divers. Dans l'Orient, la suppression de l'intérêt de l'argent resta à l'état de théorie et la loi civile continua à le permettre.

Dans l'Occident, les papes, les conciles, les capitulaires défendent l'usure comme le vol. Mais il y eut grand nombre d'exceptions: d'abord pour les juifs et les Lombards, auxquels on vendait le droit de prêter à intérêt ; puis les foires de Champagne ou de Lyon, ou l'on admettait le compte-courant *ad tempus*, de foire en foire; puis enfin, dans le Midi, les statuts commerciaux qui ne s'étaient pas arrêtés aux sophismes des canonistes. Tout en flétrissant l'usure qui abuse de la misère de l'emprunteur, on acceptait comme licite la stipulation d'intérêt; ce qui s'explique par une double considération. D'abord on suivait les lois de Justinien, permettant l'*usure* comme nous l'avons vu: et puis les cités du Midi étaient toutes commerciales; or, on ne fera jamais admettre par des négociants que l'argent est une valeur inerte qu'on ne peut pas faire fructifier. Aussi, les statuts de Marseille déclarent-ils licite la stipulation de l'intérêt: «quod quidem locum habere volumus in illis casibus, quando aliquis certas usuras, alicui se daturum promittit seu convenit» (liv. 2,ch. 19).

L'intérêt maximum était fixé à trois deniers par livre et par mois, ce qui revenait à environ 15 % par an.

Il y a une disposition très-curieuse dans les statuts, à l'occasion de cette matière : les intérêts s'arrêtaient à la mort du débiteur et ne commençaient à courir qu'autant qu'on faisait une nouvelle convention : « Nisi post mortem dicti debitoris esset facta *renovatio*, dicti debiti cum prædictis heredibus. » (Méry et Guindon tom. 3, p. 90.

Du Gage. — Le créancier qui avait valablement reçu en gage une chose mobilière pour sûreté de sa créance, pouvait la faire vendre *trois mois* aprés l'échéance du terme, pourvu qu'il eût averti le débiteur en présence de témoins. En son absence, la dénonciation était faite à sa femme ou à ses plus proches parents; enfin, il fallait obtenir la permission de la justice

Du reste, le débiteur avait lui-même le droit de sommer le créancier d'avoir à vendre le gage pour se payer sur le prix. Cette disposition était éminemment équitable, parce-que très-souvent les gages ont une valeur bien supérieure à la dette; il importe donc au débiteur qu'on les convertisse en argent (liv. 3, chap. 4).

Du Mandat. — Le mandat n'est mentionné dans les statuts de Marseille, qu'a l'occassion de la cession de créance qui se réalise, comme en droit Romain, en constituant le mandataire *procurator in rem suam*, c'est-à-dire, mandataire dispensé de rendre compte des sommes reçues. (Méry et Guindon, t. 2, p. 243.) Il faut ajouter ici qu'on ne peut pas céder une créance qui est la suite d'une condamnation pénale; cette cession serait radicalement nulle: « Et ille cui fuerit facta illa cessio nullatenus volens ea uti audiatur » (liv. 3, chap. 27).

On trouve dans le même chapitre la faculté accordée au débiteur cédé de se libérer en remboursant au cessionnaire la somme payée : « quod ille debitor contra quem cessa fuerint jura illa, possit habere illud debitum sive nomen pro eo precio, pro quo ille emptor revera habuit illud nomen, de quo teneatur per sacramentum ille emptor dicere veritatem. » C'est le principe contenu au Code de Justinien dans les lois: « per diversas et ab Anastasio » (ll. 21,22, Cod. Mandati, liv. 4, tit. 35). On n'applique pas ce retrait à ceux qui ont acheté des droits dont il étaient investis en partie: « excipimus tamen de hac constitutione illas cessiones quæ fierent aliquibus emptoribus seu possessoribus aliquarum rerum ad cognicionem sui juris super illis rebus seu possessionibus. » (Méry et Guindon, tom. 4, p. 57.—Cod. Nap., art. 1701, §3.) Nous reparlerons du mandat *ad litem* en nous occupant de la procédure.

De la donation. — La propriété est transférée entre vifs à titre gratuit par la donation que les Romains définissaient : « Liberalitas in accipientem collata nullo jure cogente. » On a toujours soumis ces actes à des formalités spéciales, et bien que les statuts n'en parlent pas, on devait les *insinuer* à Marseille comme à Rome et à Constantinople ; cela est du reste établi par un acte de 1225. Raymond des Baux, Adalarie sa femme, Bertrand et Guillaume ses fils, vendent à Spino, podestat, et à Ricord, syndic de Marseille, toute la juridiction qu'ils ont sur la commune. Pour assurer la validité du paiement, les vendeurs déclarent que si la chose vaut plus que le prix payé, ils font donation du surplus, et ils ajoutent : «Renuniciantes legi dicenti.... Donacionem non valere ultra quingentos solidos absque insinuacione.» Donc la loi exigeait l'insinuation quand on n'y renonçait pas (1). (Méry et Guindon, tom. I, p. 296.)

Dans les chapitres qui nous occupent on parle seulement : 1° des personnes qui ne peuvent pas recevoir de donations ; 2° de la révocabilité de la donation pour cause d'ingratitude.

Nous avons déjà indiqué la série des fonctionnaires auxquels on ne peut pas faire des libéralités ayant une certaine importance. (Méry et Guindon, tom. II, p. 113, 118, 121, 135, 138, 186, 191 et t. III, p. 46.)

La révocation pour cause d'ingratitude n'est traitée qu'au point de vue des donations faites aux descendants *sui juris* ou *in potes'ate*. S'ils sont ingrats, la libéralité est révoquée de plein droit, *ipso jure* ; le donateur peut reprendre les fruits avec la chose, sans qu'on ait le droit de lui opposer aucune prescription (liv. III. chap. 26) ; mais cette prérogative ne passe aux héritiers du donateur que s'il a commencé à manifester sa volonté en intentant le procès. « Nisi fuerit a donatore lis contestata. »

Tous les ascendants donateurs ont le droit de révoquer les libéralités pour cause d'ingratitude, mais on décidait

(1) Voir sur l'*insinuation en droit Romain*, mon traité, tome 1, p. 314, etc.

déjà que cela ne s'appliquait ni aux dons faits *dotis nomine*, ni à la donation *propter nuptias*. Il ne faut pas que l'ingratitude de l'un des époux puisse nuire à l'autre conjoint ou aux enfants issus du mariage. (Méry et Guinden, t. IV, p. 56 et Cod. Nap. art. 945.)

TITRE QUATRIÈME

Des Successions ab intestat ou testamentaires.

Dans les statuts de Marseille on ne s'occupe pas des successions *ab intestat* d'une manière détaillée ; on appliquait dans la pratique les novelles 118 et 127 de Justinien ; il y a cependant des règles spéciales pour les femmes et pour les personnes qui se sont retirées dans les monastères en faisant vœu de pauvreté.

En principe, la femme dotée par son père, sa mère ou ses ascendants de l'une ou l'autre ligne, ne peut plus rien demander dans la succession de ces personnes, si la dot est égale à la légitime, c'est-à-dire à une quotité qui varie suivant le nombre des enfants. D'après les institutes de Justinien la légitime était du quart de la portion virile : mais d'après la novelle 18, chap. 1, le père qui avait quatre enfants devait leur laisser un tiers de son patrimoine, et la moitié s'il en avait cinq ou plus.

Les statuts de Salon (Giraud, 2, pag. 248), sont dans le même sens : « Si filia dotata vel ejus heredes velint exigere *freirescam* (la part virile) a parentibus seu fratre.... non audiantur, etiamsi voluerint conferre dotem. » Cette règle n'est du reste applicable que si les héritiers ab intestat ou testamentaires sont du sexe masculin, sinon la femme rapporte sa dot et concourt avec les autres héritières de son sexe : « Si vero ab intestato pater prædictæ personæ de quorum bonis prædictæ feminæ dotatæ fuerant, decesserit, superviventibus eis solum personis feminini sexus per lineam descendentem, possit in eo casu dotata fœmina, filia, neptis vel proneptis vel deinceps cum aliis, si voluerit *æqualiter* succedere in bonis prædictorum qui eam dotaverint, dotem suam *conferendo* eisdem. » (Méry et Guindon, tome 3, page 184.) Il est bien entendu que s'il n'y a pas d'autres héritiers la femme dotée prend tous les biens des ascendants décédés.

Il est important de constater ici le privilége accordé à la masculinité ; du reste, il y a plusieurs dispositions des lois romaines où cela se rencontre, comme dans les lois voconiennes, et on sait que telle était la tendance de toutes les lois du moyen-âge.

La femme *non* dotée doit se contenter de sa légitime si on la lui a laissée par testament, sinon elle a droit à une part virile (freiresca). — Cela est également vrai si la dot a été donnée par le frère ou la mère de la femme quand il a été dit dans l'acte dotal : « Quod non esset de freiresca illius, sed eam dotem haberet extra freirescam. »

Si la femme a été dotée par son frère sans aucune réserve dans l'acte dotal, elle ne peut réclamer dans la succession de ses ascendants paternels ou maternels que le complément de sa part virile : « Non ultra petere quicquam possit nisi forte dicta soror heredesve illius vellent dicere quod minus dicta freiresca illi datum fuerit ei dicto fratre » (liv. 2, chap. 54).

Pour tous les calculs de légitimes ou de parts viriles, on estime les biens suivant leur valeur au moment du décès (liv. 2, chap. 53).

En ce qui touche les personnes ayant fait vœu de pauvreté qui sont dans les monastères, sans pouvoir en sortir par suite de leurs vœux perpétuels, elles n'ont droit qu'à ce qui leur a été laissé par testament ; cette somme est réclamée par la maison religieuse dans laquelle elles sont : « Non habeant licentiam vel potestatem petendi amplius in bonis paternis, vel maternis, aut avitis aut fraternis sororumve... nisi illud quod a quocumque prædictorum parentum vel proximorum datum, vel oblatum vel relictum donatumve seu legatum » (liv. 2, chap. 52).

Cependant, si on ne leur a rien laissé, les statuts déclarent qu'il faudra payer au monastère ou à l'église « usque ad falcidiam » la quarte falcidie, signifie évidemment ici la quarte légitime. La famille n'est pas obligée de donner des immeubles pour se libérer, elle peut livrer de l'argent ou des meubles estimés par deux ou trois des parents de la personne qui est en religion : « Pro ut duobus vel tribus de melioribus propinquis et honestioribus dictæ personæ ingressæ, visum fuerit faciendum et arbitrabuntur dandum esse. »

Des testaments. — Au point de vue de la forme, le chapitre 47 du second livre des statuts reconnaît trois espèces de testaments : 1° Le testament solennel écrit par un notaire marseillais, en présence de cinq témoins capables, convoqués pour cela (ad hoc vocati) et qui mettent leur sceau sur l'acte.

2° Le testament *inter liberos*, pour la validité duquel il suffit de trois témoins présents et qui apposent également leur *signum*.

3° Le testament nuncupatif ou verbal, si cinq témoins marseillais mâles et capables viennent affirmer, que le défunt a testé en leur présence à Marseille ou dans son territoire.

Quant à la contexture intérieure, les statuts n'exigent plus, comme en droit Romain, qu'il y ait une institution solennelle, faite en termes sacramentels et formant : « Caput et fundamentum totius testamenti. » Il suffit que les personnes instituées ou les légataires soient capables de recevoir. On sait que l'abrogation des formules en matière de testament remonte à Constantin, qui dit, en parlant des testateurs : « Et quibuscumque verbis uti, liberam habeant facultatem » (l. 15, code de testamentis, liv. 6. tit. 23).

Lorsque l'on présente un testament fait par un notaire, il doit être intact : « Non cancellatum, non viciatum, non abolitum, nec in aliqua parte sui corruptum. » (Méry et Guindon t. 3, p. 166.)

Les substitutions fidéi-commissaires avec charge de conserver et de rendre étaient admises par les statuts de Marseille, puisque dans le chapitre 48 du deuxième livre, on déclare nuls tous les actes d'aliénation ou d'engagement consentis par l'héritier grevé du fidéi-commis pourvu qu'il ait sa falcidie, sinon on lui permet de vendre jusqu'à due concurrence une portion de l'hérédité.

La loi Velleïa (1) est entièrement laissée de côté, le testament du père de famille vaut même quand il ne s'est occupé ni des posthumes, ni des quasi-posthumes ; seulement s'il naît ensuite un garçon, il aura sa freiresca, part virile, en concours avec ses frères et sœurs ; si c'est une fille et que les frères soient les héritiers institués, on lui donne une somme fixée par trois parents pris dans la ligne paternelle et, à leur défaut, dans la ligne maternelle (liv. 2, chap. 49). On ne peut jamais lui donner plus que sa part virile, mais on peut lui donner moins si les biens du père sont considérables : « Si facultates pater prædicti testoris multæ sunt. » Si les biens étaient passés à des filles, la posthume avait le droit de réclamer une part virile égale à celle de ses sœurs. (Méry et Guindon, tom. 3, p. 172.)

Dans tous les cas, les posthumes devaient contribuer proportionnellement aux charges de la succession.

Les statuts prévoient enfin les cas où un Marseillais meurt soit à l'étranger, soit pendant un voyage (liv. 2, chap. 50). Le testament fait dans le pays des Sarrazins, par exemple, vaut s'il a été signé par trois témoins au plus. Le testament non écrit est prouvé par la déposition de cinq témoins. On exécute ces dernières dispositions sans préjudice du droit des descendants et des ascendants.

A bord des navires, le testament est reçu par l'écrivain, qui le porte sur le cartulaire en présence de trois témoins.

Les biens recueillis à l'étranger après la mort du propriétaire, sont confiés à une personne qui peut les remettre elle-même soit à un, soit à plusieurs Marseillais honnêtes et solvables, pour les rapporter à Marseille, aux risques et périls de qui de droit.

Quand on ne trouve pas de Marseillais on s'adresse à toute autre personne : « per idoneas personas in nave con-

(1) Sur la loi Velleia et les posthumes, voir mon traité de *droit Romain*, tome 1, p. 377.

grua aut per terram congrue, bona fide et sine fraude ad fortunam vel periculum heredis vel successorum dicti defuncti. » Si le décujus avait indiqué des précautions spéciales à prendre pour la conservation et le transport de ses biens on devait s'y conformer.

Les mêmes dispositions se retrouvent, mais avec plus de détails, dans la coutume de Montpellier (1). On impose aux détenteurs des biens l'obligation de faire un inventaire en présence de cinq témoins originaires de Montpellier, ou s'il n'y en a pas, des pays les plus voisins. Les marchandises sont confiées à deux négociants, ou déposées à la douane, si on est dans le pays des Sarrazins et que personne ne veuille s'en charger.

Les séquestres ne doivent remettre les biens qu'à celui qui se présente porteur de lettres ouvertes revêtues du cachet des consuls de Montpellier,

---

TITRE CINQUIÈME

Droit commercial terrestre et maritime. — Règlements sur les métiers. — Police de la navigation.

CHAPITRE Ier.

Du Commerce terrestre.

La physionomie du commerce terrestre à Marseille, pendant le treizième siècle est la même que dans les autres villes de la France; les divers états sont organisés en corps de métiers d'une manière plus ou moins tyrannique.

La liberté de l'industrie n'existe pas et dans certains

(1) V. Pardessus. — *Droit maritime*, tome 4, p. 253.

chapitres, les statuts en viennent à fixer le *maximum* du prix des denrées et du travail.

Le système des corporations de métiers est certainement originaire de l'Inde et des autres pays de l'Orient ; il a été introduit dans les Gaules par la conquête Romaine.

En effet bien que les Romains ne se soient jamais beaucoup adonnés au commerce, on trouve dans leur histoire des associations très-importantes. On peut citer les *societates vectigales*, formées par les chevaliers, publicains, pour la ferme des impôts ; des *collegia*, corporations de bateliers, de charpentiers, de boulangers, de forgerons, etc., elle se formaient avec la permission de l'Empereur et elles étaient à Rome sous la surveillance des préfets de la ville.

Dans les provinces les *collegia opificum* ne sont guère mentionnés qu'à partir du troisième siècle ; mais ils jouent un rôle très-important dans les constitutions du code Théodosien (an 438 ap. J. Ch.). Mais il faut remarquer que ces associations absorbaient l'individualité de chacun de leurs membres. L'ouvrier qui en faisait partie ne pouvait plus les quitter, il leur appartenait ainsi que sa femme et ses enfants (1) qui étaient forcément forgerons ou bateliers comme lui. La corporation, personne morale, avait ses biens, succédait aux membres morts sans héritiers désignés ; à sa tête il y avait des patrons ou syndics élus ordinairement tous les cinq ans. (V. code Théod. de collegiatis, liv. 14, tit. 17.)

Comme nous l'avons déjà dit dans notre première partie, il est impossible de suivre la destinée des corporations de métiers jusqu'à la formation de la féodalité ; cependant on les trouve parfaitement organisées au treizième siècle. Il y a plus, cet état d'association, exceptionnel à l'époque des empereurs Romains, est devenu l'état général. Au nord de la France on en trouve un témoignage extrêmement curieux, dans le livre des métiers d'Estienne Boileau, prévôt de Paris sous le règne de Saint-Louis, qui

(1) Au code Théodosien, liv. 10, tit. 20, loi 2 ; on voit que l'homme qui épouse une femme de la corporation des muryleguli (pêcheurs de pourpre), devient lui-même murylegulus. — La femme qui épouse un monetarius devient membre de la corporation.

venait, dit-on, siéger quelquefois avec lui au Châtelet. Afin de maintenir l'ordre dans les corporations, il établit des registres pour y inscrire les règles pratiquées par les maîtrises d'artisans.

Les maîtres jurés ou prud'hommes de chacun des états vinrent déclarer les *us* et coutumes suivis depuis un temps immémorial ; le greffier, écrivant sous leur dictée, les enregistrait.

Du reste, toutes les corporations ne comparurent pas ; ainsi les bouchers, qui prétendaient remonter au temps des Romains et se transmettaient leur étaux de père en fils comme une propriété exclusive à laquelle ni les rois ni les seigneurs ne devaient toucher. Il en fut de même des épiciers, des tanneurs, des vitriers, etc.

Dans la ville de Marseille nous avons déjà mentionné les cent chefs des corps d'état qui fonctionnent comme conseil de la commune; cela se trouve dans toutes les villes commerciales de la France.

M. Rossi prouve, dans son cours d'économie politique, que les corporations des artisans Français se sont surtout développées au moment ou les communes acquéraient leur indépendance municipale à prix d'argent ou la reprenaient par la force des armes. Il fallait l'association pour pouvoir lutter contre les seigneurs féodaux et même la haute bourgeoisie.

Le point de vue économique, dont on se préoccupera au dix-huitième siècle, n'a été pour rien dans cette création. Il ne s'agissait pas encore de savoir si les travailleurs feraient mieux et davantage à l'état de corporation ou autrement; la question se posait ainsi : *être ou ne pas être*.

Les associations des métiers durent presque toutes acheter le droit d'exister ; le travail était considéré comme un droit seigneurial ou royal suivant les localités.

Nous savons par le livre d'Estienne Boileau, qu'au treizième siècle, le roi vendait les maîtrises par l'entremise de ses grands vassaux; ainsi pour les forgerons il dit : « Et le vent de par lou roi son mestre marischal, à l'un plus à l'autre moins selon ce qui lui plaira dessi à V sols qu'il ne peut dépasser » (chap. 15). Le grand panetier vendait le droit d'être boulanger. Le grand échanson vendait le droit de faire le commerce du vin, etc;... quelquefois on mettait en fermes la faculté de vendre les permissions : « nul ne puest être regrattier a Paris se il ne achate le mestier du roi; et le vend de par le roi cilz qui del Roy l'a achaté » (chap. 9).

On exigeait ordinairement des ouvriers un apprentissage assez long, avant d'arriver à la maîtrise; ainsi pour citer des exemples pris dans Estienne Boileau, le fabriquant de boucles de cuivre ou de laiton doit prouver qu'il a été six ans en apprentissage et qu'il a payé quarante sols à son maître (chap. 22). Le trefilier d'archal doit avoir dix ans d'apprentissage (chap. 24).

Chaque corporation avait ses prud'hommes nommés par elle; ils statuaient sur les contestations qui survenaient entre les membres du même métier.

Les statuts de Marseille contiennent bien moins de renseignements sur cette matière que le livre d'Estienne Boileau; cependant on y trouve certaines notions que nous allons essayer de résumer, en commençant par les dispositions générales.

SECTION Ire. — Poids et Mesures.

Il y avait à Marseille des mesures officielles dont tout le monde devait se servir (1).

Le recteur de Marseille est tenu de faire faire, aux frais de la commune, vingt-quatre mesures de cuivre, d'une contenance telle que quatre représentent une *millerole*; c'est avec ces instruments qu'on doit mesurer tout le vin vendu à Marseille. « quod vendatur in Massiliæ *en gros* » (liv. 1, chap. 39). On ne peut mesurer à la millerole que s'il y a accord entre les deux parties et après avoir bien vérifié qu'elle représente quatre mesures offi-

(1) Il en était de même à Arles ; il y avait à la commune une *livre* qui servait d'étalon pour tous les poids en usage dans la ville et qui devaient porter une marque officielle. Quatre fois par an les clavaires vérifiaient les poids des marchands, — le détenteur d'un faux poids était puni d'une amende de 20 sous, — il en était de même pour les balances, et pour les *émines* de la commune (vid. Giraud, 2, p. 213 et 280).

cielles. Ceux qui violent le règlement sont condamnés à une amende de trois sous, payée moitié par l'acheteur et moitié par le vendeur. Ces mesures sont gardées par celui qui garde aussi les *millerolès* de la commune et on les marque d'un signe officiel; les particuliers peuvent du reste avoir des mesures chez eux : « Liceat tamen unicuique personæ habere quartinum vel medium quartinum secum intra domum suam. » (Méry et Guindon. t. 3, p. 283.)

L'unité dans les mesures de poids, de longueur et de capacité, est garantie par l'élection, tous les ans, de douze hommes choisis, deux dans chacun des six quartiers. Ils font l'inspection quatre fois par an (add. liv. 1, chap. 52).

Pour les moulins on nommait aussi, tous les quatre mois, deux hommes honnêtes, chargés de vérifier les mesures qu'on y employait, avec le droit de les faire rectifier immédiatement. Ils pouvaient aussi condamner les meuniers à indemniser ceux qui avaient souffert des mauvaises moutures (liv. 1, chap. 55).

Il y a dans les statuts de Marseille (liv. 1, chap. 53), un système de pesage public pour les grains et farines. Cela s'appelait *pondus lauretti*, poids de Lauret à cause du lieu où se faisaient les pesées.

Les particuliers payaient un denier au fermier pour les charges de cinq émines et au-dessus; une obole pour les charges inférieures. Il était défendu de faire des charges de blé dépassant sept émines. Les muletiers ne pouvaient réclamer que quatre deniers pour une charge de sept à huit émines et un denier au-dessous.

Ce peseur public inspectait les poids et mesures des moulins avec les douze hommes dont nous avons parlé

SECTION IIe. — Des Inspecteurs des divers métiers.

Les statuts contiennent un assez grand nombre de dispositions sur cette matière.

Pour la boulangerie (liv. 1, chap. 41) on élit tous les ans quatre officiers chargés de surveiller le blé, la farine et le pain. Ils procèdent à leur inspection deux par deux et ils signalent au recteur toutes les fraudes qui doivent être châtiées.

Le pain mal cuit ou qui n'a point le poids réglementaire est brisé, la plus petite portion est pour l'inspecteur, l'autre est rendue au boulanger.

Les fourniers doivent jurer de bien cuire le pain ; de ne pas quitter la fournée jusqu'à ce qu'elle soit terminée. Les contraventions sont poursuivies dans les deux jours de la plainte, on condamne : 1° à des dommages et intérêts fixés sur la déclaration de la personne majeure de 14 ans ou de 12 ans qui avait apporté ou envoyé le pain à cuire. On peut laisser tout le pain au compte du fournier ou bien le reprendre et demander la différence de valeur résultant de la mauvaise cuisson; 2° à une amende double de cette somme envers la commune.

On élit également pour les draps toutes les années deux hommes honnêtes qui ne sont drapiers, ni associés des drapiers, ni hôte des marchands étrangers (liv. 1, chap. 36). Ils doivent contrôler le mesurage des pièces, vérifier les taches, les malfaçons, les déchirures et les autres défauts. L'opération doit se faire dans les cinq jours du contrat: « Eo quod mensuracio seu cannacio et inspectio seu cognicio dictorum pannorum debeat fieri intra dies quinque computandos a tempore contractus.... »

Les experts mesureurs et la commune se partagent deux deniers ou quatre par chaque pièce de sept cannes, suivant la qualité du drap; la moitié est payée par le vendeur et l'autre par l'acheteur. (Méry et Guindon t. 2, p. 285.)

L'inspection de la tannerie, commerce très-important autrefois à Marseille, était confiée à trois officiers élus tous les ans (liv. 1, chap. 38). Ils devaient veiller à ce qu'on n'importât point des herbes mauvaises ou mélangées. Les mauvaises herbes étaient saisies et brûlées. — Les herbes une fois entrées à Marseille ne pouvaient plus être réexportées.

Notons enfin que les douze inspecteurs dont nous avons parlé, sont chargés de surveiller dans leurs quartiers respectifs toutes les fraudes portant sur le pesage et le mesurage des marchandises.

SECTION IIIe. — Des Courtiers et des Crieurs publics.

Les courtiers *corraterii*, intermédiaires entre les acheteurs et les vendeurs existent sur toutes les places de commerce depuis la plus haute antiquité. On les retrouve également dans les statuts de Marseille, on les voit s'entremettre soit pour les ventes d'immeubles, soit pour les ventes de meubles; de nos jours encore cette division existe, il y a à Marseille beaucoup de courtiers d'immeubles mais on ne les considère pas comme négociants, et on ne peut pas les mettre en faillite. (Marseille 15 mars 1860. — Dalloz 1862-3-p. 24.)

Ceux qui veulent être courtiers doivent prêter serment chaque année à la fête «*sanctæ Mariæ candellariæ*». La justice communale détermine le nombre des courtiers et le tarif des droits qu'ils peuvent exiger. Ces fonctions sont exclusivement réservées aux citoyens de Marseille (liv. 1, chap. 40).

Défense est faite aux courtiers de commercer sur les denrées dont ils s'occupent; il leur est enjoint de faire connaître aux clavaires de Marseille, ou à leurs écrivains, le jour même, tous les contrats passés par leur intermédiaire avec des étrangers; s'ils manquent à cette obligation on les prive de leur office et leur destitution est publiée à son de trompe dans toute la ville.

Ils s'engagent dans leur serment: 1° à ne pas laisser sciemment, un Marseillais éprouver une perte comme vendeur ou acheteur; 2° à présenter les marchandises qu'on veut vendre d'abord aux Marseillais qu'ils préfèreront toujours aux étrangers; 3° à prévenir les inspecteurs du quartier quand ils apprennent qu'il y a dans la ville des marchandises avariées.

C'est dans ce même chapitre qu'on défend à tous les courtiers juifs ou chrétiens de s'entremettre dans les mariages moyennant finance, à peine de 20 livres d'amende et de fustigation publique s'ils ne peuvent pas payer.

Le crieur, Hérault (Præco) est aussi une sorte d'officier public (liv. 1, chap. 39). Il jure tous les ans de bien exercer son office et de s'associer un aide capable ; les salaires à lui payer sont tarifés dans les statuts.

Pour crier un tonneau de vin depuis un denier jusqu'à trois oboles.

Pour un porc on donne deux deniers; trois pour un âne pendant le jour et quatre pendant la nuit. Ce détail des criées pendant la nuit est assez remarquable.

On donne deux deniers pour une clef de porte ; six pour un navire ; quatre pour toute autre barque.

Il y a dans ce chapitre une mention plus sérieuse, et de laquelle il faut tirer une induction importante pour la division des personnes : « De *servo* et de *serva* duos denarios, de infantibus erratis duos denarios in die et de nocte tres denarios. » On suppose donc un maître faisant crier pour retrouver son esclave perdu ou fugitif. L'existence du servage à Marseille, résulte évidemment de ce texte; nous n'avons pas trouvé d'autres mentions s'y rapportant dans les statuts ; il est probable que la condition des serfs était la même dans le midi que dans le nord (1).

Celui qui fait annoncer par le crieur qu'il a du vin à vendre, doit en indiquer le prix; il ne peut ni l'augmenter, ni diminuer la mesure à peine de vingt sols d'amende.

SECTION IVe. — Règlements appliqués aux revendeurs de diverses marchandises.

Les revendeurs sont peu favorisés à Marseille ; on les regarde comme des spéculateurs qui font payer aux acheteurs des prix plus élevés qu'ils ne devraient l'être ; de là des mesures prohibitives dirigées contre cette industrie.

Nous avons déjà signalé la défense faite aux revendeurs

(1) Il faut lire Pierre Desfontaines sur la condition des serfs, chap 19, § 8 : « et ce qu'en dit que totes les choses que vilein a sont son signor, c'est voirs à garder ; car s'eles étaient à son seignor propres, il n'aurait quant à ce nulle différence entre Serfs et Vilains...» add. Beaumanoir, chap. 45, § 12, 13, 15, 19 et 31 : « ançois sunt plusors condisions de servitudes, car li ums des sers sunt si souget à lor seigneurs, que lors sires pot prenre quand qu'il ont, à mort et à vie, et lor cors tenir en prison toutes les fois qu'il lor plest, soit à tort soit à droit, qu'il n'en est tenu à respondre fors à Dieu.»

de poissons d'en acheter avant midi pendant le carême; à Salon on retrouve une règle analogue appliquée pendant toute l'année pour le poisson et pour les fruits : « Statuimus quod nullus de castro Salonis pisces emat, *causa revendendi*, ab extraneo qui apportaverit ipsos pisces, ante horam meridianam et qui contra fecerit in quinque solidos puniatur. Idem de fructibus præcipimus observari. » (Giraud, 2. p. 263.)

Pour le bois de chauffage apporté par mer, aucun revendeur ne peut l'acheter avant qu'il ne se soit écoulé *huit* jours, depuis l'arrivée de la barque. Après ce délai tout citoyen de Marseille à encore trois jours depuis la vente, pour le racheter en tout ou en partie, au prix payé à l'importateur. Le revendeur doit jurer de respecter le statut, s'il le viole on lui inflige une amende de deux cents sous, partagés entre la commune et le dénonciateur (1) (liv. 1, chap. 51).

La revente des tuiles est soumise à des règles analogues; les revendeurs ne peuvent les acheter que trois jours après leur arrivée par mer. L'infraction à ce règlement est punie d'une amende de dix livres. Ici encore on donne aux Marseillais un droit de rachat pendant *huit* jours, au prix coûtant; mais après, le revendeur peut en faire ce qu'il veut: « Et ab inde in antea liceat dicto revenditori, in illis tegulis lucrari quantum poterit. » (Méry et Guindon. t. 2, pag. 327.)

Il y a enfin des règlements pour les blés, les grains et les légumes; on ne doit pas les revendre sur la place du temple ou dans les bateaux ancrés devant ladite place. L'amende est de douze deniers (liv. 1, chap. 66). Il ne faut pas les laisser séjourner plus de quinze jours sur la place du temple. Les discussions entre les marchands sont terminées par deux officiers que le recteur, les syndics, les clavaires et les semainiers élisent tous les trois mois. (Méry et Guindon, tom. 1. pag. 365.)

(1) Il y avait une partie du port de Marseille désignée pour le débarquement des bois. Il ne serait pas impossible que ce fût déjà l'endroit ou se trouvent les tartanes venant de Cannes, Saint-Tropez, etc., et qui sont entre la Santé et l'Hôtel-de-Ville.

SECTION Vᵉ. — Métiers divers réglementés par les Statuts de Marseille.

APOTHICAIRES (liv. 2, chap. 26). — Ils doivent jurer de bien confectionner les sirops, électuaires et autres remèdes ; de surveiller le travail de leurs élèves. Ces derniers prêtent également serment, ainsi que tous ceux « qui de prædictis officiis se in aliquo intromittent. » On lit dans les statuts d'Arles à l'occasion des apothicaires : « Et quod non vendant unum pro alio, nec electuarium corruptum... et quod non faciant societatem cum medicis... et quod non vendant alicui homini medicinam aliquam sine consilio medici, vel medicorum... et qui contra fecerint in trecentis solidis puniantur » (Giraud, 2, p. 232). Dans le chap. 109 on défend aux apothicaires de vendre du poison à une personne, si ce n'est en présence de sept témoins honnêtes, sous peine de cent livres d'amende.

ARMURIERS ; PEINTRES D'ARMURES. — ORFÈVRES. — Ces trois professions sont réunies dans le 37ᵉ chapitre du second livre des statuts, et il y a peu de détails sur leur organisation. On impose à ceux qui font des armures, à ceux qui les peignent et aux orfèvres, le serment annuel de bien exercer leurs profession ; d'exécuter sans fraude les conventions passées avec les particuliers. S'ils vendent pour bonne des marchandises qu'il savent mauvaises, on les punit arbitrairement *ex arbitrio rectoris.*

On défend aux orfèvres de dorer du laiton, de dorer en appliquant des feuilles de clinquant et de travailler de l'argent à bas titre.

BOULANGERS (liv. 6. chap. 56). — Leur pain doit être bien cuit et du poids légal. Les inspecteurs ont le droit de le peser le matin ou le soir. — On punit d'une amende de dix livres, celui qui cache son pain pour se soustraire au pesage. En outre le pain est confisqué, on en donne la moitié aux inspecteurs qui sont crus sur leur affirmation et l'autre à l'hôpital du Saint-Esprit Ce statut est de 1273, mais il est probable qu'il ne fait que rappeler ou modifier des règlements antérieurs.

Bouchers (liv. 2, chap. 33).—Il est défendu aux bouchers de vendre, dans le marché, des viandes d'animaux morts de maladie, ou tués soit par des juifs, soit par des maures, soit par des lépreux. Ils ne doivent pas livrer de la brebis pour du mouton, du sanglier pour du porc domestique. En cas de contravention la viande est confisquée, et le prix rendu au double à l'acheteur. A Arles et à Salon la confiscation de la viande avait lieu au profit des acheteurs trompés (V. Giraud tome 2, pages 204 et 260).

Il est défendu de mettre des graisses sur les viandes pour les parer; celles qu'il n'est pas permis de vendre au marché, sont débitées dans une boutique désignée par la commune.

Les bouchers ne peuvent pas tuer le vendredi, si ce n'est depuis le mois de mai jusqu'à la Saint-Michel. Enfin ils sont tenus d'ouvrir leurs boutiques et de vendre, comme si c'était le samedi, la veille des fêtes suivantes : l'Ascension, la Toussaint, Saint-Jean, Saint-Michel et Sainte-Marie, à peine de vingt sous d'amende.

Les bouchers prêtent le serment, tous les ans, d'exécuter les règlements de police. Le recteur nomme deux inspecteurs chargés de faire respecter les statuts.

Changeurs (liv. 1, chap. 37). — Cette profession est réservée aux citoyens de Marseille; ceux qui veulent l'exercer doivent présenter un cautionnement de trois cents marcs d'argent, garanti par des fidéjusseurs ou des *constitutores*, qu'on renouvelle tous les trois ans (1).

Ils jurent de se conduire loyalement, de porter toutes leurs opérations actives et passives (data et accepta) sur leur cartulaire s'ils savent écrire. Quand leur science ne

(1) Le constitut était à Rome, un pacte prétorien par lequel on s'engageait à payer pour autrui (voir mon traité de *droit Romain*, tome 2, p 146). Le *constitutor* était tenu, bien qu'il n'eût pas employé les formes de la stipulation.

va pas jusque-là, ils doivent présenter un teneur de livres auquel on fait jurer qu'il tiendra les écritures fidèlement et de bonne foi.

Si un changeur s'absente et qu'il ne revienne pas sur la requête de ses créanciers, il est noté d'infamie.

Chirurgiens et Médecins (liv. 2, tit. 35). — Les médecins et les chirurgiens jurent de bien soigner les malades, de leur procurer par eux-mêmes ou par autrui tous les remèdes et sirops dont ils auront besoin, sans leur faire rien acheter inutilement; c'est pour cela qu'on leur défend les sociétés avec les apothicaires. Ils ont, du reste, le droit de préparer eux-mêmes les médicaments.

Tous les ans le recteur de Marseille choisit deux ou trois médecins, parmi les meilleurs, pour surveiller ceux qui pratiquent, et ils jurent de signaler ceux qui ne sont point capables.

Les médecins admis à exercer doivent jurer qu'ils visiteront leurs malades deux fois par jour (1).

Calfats et Charpentiers (liv. 2, chap. 34). — Les statuts ne s'occupent de ces deux professions qu'au point de vue de la somme à leur payer pour leur nourriture.

Le matin on leur donne un denier pour le pain et la boisson *(per pan et beoure)*. Pour le goûter une obole depuis le mois de mai, jusqu'à la Saint-Michel; le vin est fourni suivant la coutume.

Sans préjudice des réjouissances qui ont lieu, le premier dimanche après le lancement du navire.

Celui des charpentiers ou calfats qui demanderait plus serait puni, chaque fois, d'une amende de douze deniers.

(1) Dans les statuts d'Arles, les médecins prêtent aussi serment. Si le malade rechute dans la quinzaine, les nouvelles visites sont gratuites. Le médecin étranger qui vient s'établir à Arles, doit passer un examen devant un médecin et un chirurgien désignés. Les médecins qui confectionnent des médicaments doivent se faire assister par un pharmacien : « et nullus medicus faciat syrupum, neque electuarium, neque medicinam aliquam in domo sua, nisi esset in operatorio speciatoris vel infirmi, et omnis medicus qui contra fecerit in centum solidis puniatur. » (Chapitre 138, Giraud, tome 2, p. 232).

Le maître du navire qui donnerait davantage serait lui-même condamné à cinq sous par contravention.

Nous pensons que l on appliquait aux charpentiers et calfats les dispositions contenues dans les divers chapitres du consulat de la mer.

Si les charpentiers et calfats font bien leur devoir, on ne doit pas les renvoyer et si le patron les congédie, aucun autre contructeur ou calfat ne doit se charger de l'ouvrage, si le patron ne s'est pas arrangé avec les premiers ouvriers... mais on peut congédier les ouvriers qui ne sont pas capables de faire ce qu'ils ont entrepris; on a même le droit de leur demander une indemnité pour les dommages éprouvés par leur faute.

Le consulat s'occupe également de ce qu'on doit donner à l'ouvrier pour le pain et la boisson (chap. 8). Dans le chapitre 9, on explique la manière dont les calfats doivent faire leur travail et comment les ouvriers employés par le constructeur sont payés suivant que le patron a traité à forfait ou autrement. Enfin dans le chapitre 237 on rappelle que le calfat ou le constructeur doit des dommages et intérêts s'il ne fait pas ce qu'il a promis.

Cordiers (liv. 3, chap. 16). — Les cordiers de Marseille jurent qu'ils ne feront les cordages des navires qu'en chanvre femelle et en filin, sous peine de confiscation, ou de paiement de la valeur des cordages faits contrairement aux statuts.

L'importation des cordages est prohibée.

Drapiers (liv. 2, chap. 40.) — Les drapiers et leurs commis sont tenus de jurer, dans l'octave de la Toussaint, qu'ils mesureront loyalement les draps, sans les étendre par force.

Ils ne doivent faire aucun pacte, aucune société avec les tailleurs à l'occasion de la vente des draps.

Quand une personne vient au quartier des drapiers pour acheter ou vendre, qu'elle soit seule ou avec un tailleur, les marchands ou leurs commis lui laisseront la liberté d'entrer dans la boutique qui lui conviendra, sans la solliciter en l'appelant

Les drapiers qui connaîtront un défaut à une pièce en préviendront l'acheteur; il leur est interdit de tromper sur l'origine des draps et d'en vendre des vieux pour des neufs.

Quand un acheteur sort d'une boutique pour examiner au jour le drap qu'il marchande, on n'a pas le droit de venir lui offrir d'autres pièces pour faire concurrence. jusqu'à ce qu'il ait rapporté celle qu'il tenait. On veut éviter les querelles que ferait naître cette multiplicité d'offres : « Et hoc dicimus propter discordias et iniquitates repellendas quæ possent oriri inter illos quorum essent illi panni. » (Méry et Guindon, tome 3, page 146.)

Forgerons (liv. 5, tit. 51). — Dans ce chapitre on ne fait pas autre chose que fixer le maximum du salaire à réclamer par les forgerons.

Pour ferrer un cheval quatre deniers par pied et un denier pour reclouer un fer.

Pour ferrer un âne ou une ânesse deux deniers par pied; un denier pour reclouer un fer.

Pour tout autre animal trois deniers par pied.

Le forgeron ou le maréchal qui blesse un animal en le ferrant, doit le faire soigner à ses frais (liv. 6. chap, 77).

Un étrille de fer est payée cinq deniers. Pour une hache, une charrue, une eyssade, une escoube, etc.,.. on convient amiablement du prix.

Marchands de blé, de viande, de poissons (liv. 1 chap. 49 et 50). — Aucun marchand étranger ne peut vendre du blé ailleurs qu'à l'Annone (marché de la commune) ou sur la place qui est devant le temple, ou dans les bateaux ancrés en face de cette place.

Tous les marchands de blé de Marseille, et leurs épouses, doivent jurer en touchant les Saints Evangiles qu'ils ne se prêteront à aucune introduction frauduleuse ni par eux-mêmes ni par leurs employés.

Les propriétaires qui ont *récolté* le blé chez eux peuvent le vendre partout où bon leur semble, on ne les assimile pas aux marchands.

Le blé importé ne peut plus être réexporté par terre ou

par mer à peine de confiscation, à moins que l'exportateur ne prouve que c'est pour sa nourriture, pour ravitailler un navire, ou pour approvisionner un camp formé par des troupes marseillaises (liv. 1, chap. 66). L'étranger lui-même peut vendre partout son blé à un Marseillais qui l'achète pour son usage personnel et non pour trafiquer.

Il est défendu aux marchands de poissons de les laver en dehors de la poissonnerie et de jeter des eaux sales dans les rues à peine de douze deniers d'amende, moitié pour la commune, moitié pour le dénonciateur.

Tailleurs. — (Liv. 2, chap. 38 et 39.) Il résulte des statuts, qu'à Marseille les tailleurs travaillaient pour les hommes et pour les femmes, ce qui a lieu encore dans les villages de la Bretagne.

Le chapitre consacré aux tailleurs est curieux, en ce qu'il énumère toutes les pièces des vêtements des deux sexes, en fixant le salaire dû pour la façon de chacune d'elles.

Nous nous contenterons de donner quelques exemples, la reproduction du titre entier n'offrirait pas grand intérêt.

Pour la couture d'un vêtement de femme : cum frezio et cum penna, quatuor solid. — Item sine frezio, tres sol.

Item de tunica dominæ cum frezio, xviii den. et sine frezio, xvi den.

Item de blisaudo dominæ consuto cum serico (un corsage cousu avec de la soie), deux sous; sans soie, 16 deniers.

Pour une garnachia, robe flottante, avec pans et fraize: deux sous et six deniers.

Pour des souliers de drap pour femme, 3 deniers.

Puis viennent pour les hommes le prix des diverses chlamides, du manteau, *du Galandravus*, de la cape, suivant qu'elle est blanche ou noire, avec ou sans manches; du gardacors, du surtout fourré, etc.

Les enfants de neuf ans à quatorze ans paient un tiers de moins; de cinq ans à neuf ans la moitié moins; au-dessous il y a encore un tarif qui varie de deux à douze deniers.

Les tailleurs doivent tous jurer, chaque année, qu'ils conseilleront, sans fraude, ceux qui voudront acheter des étoffes, des draps, des fourrures, des plumes, des passementeries ; qu'ils ne retiendront rien de ce qu'on leur confiera ; qu'ils ne se feront payer ni escompte, ni commission par les marchands chez lesquels ils mèneront les acheteurs ; qu'ils ne feront aucune société avec les drapiers, plumassiers, passementiers, etc. ; qu'ils ne coudront aucune passementerie d'or et d'argent aux vêtements des femmes de mauvaise vie : « Et si quis contra fecerit puniatur inde arbitrio rectoris ».

Ce statut doit être lu publiquement deux fois par an : on conseille aux tailleurs d'en avoir une copie pour ne pas se tromper sur les tarifs et ne point demander ce que le texte appelle « corduras immoderatas » (1).

Tanneurs et Corroyeurs (liv. 2, chap. 41). — Quand ils nettoient leurs cuves et leurs pressoirs, ils doivent faire en sorte de ne laisser écouler, sur la voie publique, que des eaux claires. Pour éviter qu'elles n'entraînent du fumier dans le port, les tanneurs doivent enfouir leurs résidus dans des fosses.

Tonneliers (liv. 3, chap. 17). — On leur enjoint de faire les tonneaux avec des pièces de bois entières, sans ajouts. Les cercles seront liés avec trois brins d'osier, ils se toucheront et couvriront le tonneau jusqu'à un pan (25 centimètres) de la bonde.

Défense est intimée à tout Marseillais d'acheter des tonneaux qui ne seraient pas conformes aux règlements, et surtout de les mettre à bord des navires, à peine d'une amende égale au prix payé : « tantundem precii quantum in ea dederit det nomine pene, cujus pene medietas sit accusantis et alia medietas sit communis. »

Le tonnelier qui trompe l'acheteur doit lui rendre le prix reçu, et en outre : « emptor possit retinere dictam

(1) Il y a à Arles des règlements analogues. (V. stat., chap. 53. — Giraud, tome 2, p. 206). « Nec patiatur emptorem decipi in quantitate vel qualitate panni, vendentes pannos unius terræ pro altera. »

botinam » mais il doit donner à la commune la moitié de la valeur des tonneaux.

Commerce du vin (liv. 1, chap. 66). — Dans tous les statuts du Midi, on défend l'importation du vin et des raisins ; cela se retrouve dans les statuts de Marseille. Tout vin qui n'est pas produit dans le territoire, y compris Saint-Marcel, doit être confisqué ; on ne fait exception que pour les provisions des navires qui arrivent et pour le vin que le comte apporte quand il vient à Marseille.

Le vin de contrebande saisi est versé sur la voie publique, les raisins sont écrasés. La barque qui a servi à l'importation est brûlée sur le champ. Le maître et le patron doivent une amende de cinquante livres d'argent s'ils ont employé un navire, de vingt livres seulement si c'est une tartane.

Quand on apporte le vin par terre, les bêtes de somme sont confisquées, moitié pour la commune, moitié pour le dénonciateur ; le conducteur est condamné à dix sous d'amende et fustigé s'il ne peut pas payer (1) (liv. 6, chap. 33).

(1) Pour Salon, (V. Giraud, tome 2, page 256). — Le vin est confisqué et de plus on inflige une amende de cent sous par charge (pro singulis saumatis.

A Arles on lit dans les statuts chap. 178 : « Item statuimus quod nullus extraneus mittat vel afferat vinum vel racemos ad faciendum vinum in Arelatem nullo modo.» (Giraud, t. 2, p. 240).

A Toulon, M. Teyssier cite plusieurs actes défendant l'entrée du vin étranger (v. page 84 : privilèges du 8 novembre 1252, — p. 88-89, actes de 1292-1301, — p. 123 : la reine Jeanne et le roi Louis, accordant à Rostang Fresquet et Jean Pavès, ambassadeurs de Toulon, la confirmation des anciens privilèges pour l'interdiction de l'importation du vin et des raisins étrangers (20 avril 1359).

CHAPITRE II.

Dispositions des Statuts applicables à la navigation et au commerce maritime.

—

Nous allons résumer les dispositions des statuts sur les matières maritimes en nous occupant successivement: du port et de sa police, des navires, des armements, de la navigation, des mariniers et des écrivains des navires, des passagers, des contrats maritimes, des sociétés et commandes.

SECTION Ire. — Du Port et de sa Police.

Le port de Marseille a toujours été où se trouve actuellement le vieux port ; seulement on a successivement élargi les quais, soit du côté du plan Fourniguier (la Cannebière) soit du côté de la rue Impériale et de l'Hôtel-de-Ville. Cela résulte des statuts et des anciens actes qui placent toujours les ports entre la ville et l'abbaye de Saint-Victor. (Vid. Ruffi, Histoire de Marseille, tom. 1, pag. 4 à 6).

Les administrateurs de la commune étaient préoccupés du soin d'empêcher l'envasement du port. Nous avons vu la défense faite aux tanneurs de laisser écouler les eaux sales de ce côté ; on la retrouve pour les jardiniers dans le 63me chapitre du premier livre : « quod aqua jarretti non intret portum Massiliæ. »

Il y a trois inspecteurs nommés tous les ans pour surveiller les irrigations ; les contrevenants sont condamnés à vingt sous d'amende, par chaque violation du règlement.

En outre, on ordonne d'établir un barrage avec réservoir *(barquiou)* par derrière, à l'extrémité de toutes les rues qui descendent vers le port, afin d'arrêter le gravier et les immondices entraînés par la pluie. Quand le beau temps est revenu, il faut enlever tous ces dépôts et les transporter au loin. Il est, en effet, plus facile, disent les statuts, d'empêcher la terre d'aller dans le port que de l'en sortir.

Aussi défense est-elle faite à toute personne d'y jeter du fumier, de la cendre, des résidus de charbon, etc... Il faut même se garder de faire des dépôts dans les rues où passent les eaux pluviales qui se dirigent vers le port. Il y a une amende de cinq sous partagée entre la commune et le dénonciateur (liv. 4, chap. 2). Le statut doit être publié par le crieur public une fois par mois dans toute la ville de Marseille.

Comme il se forme toujours des attérissements malgré ces précautions, les statuts prennent des mesures pour les faire disparaître.

Tout batelier attaché au port de Marseille est tenu de faire trois voyages par an, avec sa barque pontée ou non, pour transporter au large la vase extraite aux frais de la commune : « Quod dictus fimus expensis comunis Massiliæ in ipsis caupolis (1) honeretur » (liv. 4, chap. 5.) Puis quand un navire devait abattre en carène dans le port, on faisait jurer à deux des propriétaires et aux gardiens, qu'on ne jeterait dans l'eau ni les pierres, ni les autres matériaux servant de lest (2). L'obligation est la même pour tous les navires chargeant du blé ou du sel même en dehors du port, jusqu'à la pointe de Gorgonasse.

Ceux qui ont jeté des matériaux dans le port, doivent faire enlever une barque de vase pour chaque *baneston* (panier) ; quant à ceux qui ont commis la contravention depuis l'entrée du port jusqu'à la Tourrette et la pointe de Gorgonasse, on les condamne à cent sous d'amende appliqués au curage du port. On prélève cependant dix sous qui sont donnés en gratification au garde maritime dénonciateur du fait.

(1) Caupolum, c'est une chaloupe.

(2) Les bâtiments étrangers qui recevaient un carénage dans le port de Marseille, devaient deux sous par quintal de jauge : « pro rumenta quæ cadit in portu. » Statuts de 1228 (Méry et Guindon, tome 1, p. 330).

Les calfats doivent jurer sur l'Evangile : « de portu mundo custodiendo et de servando statutis factis, super facto portus. » S'ils commencent un travail avant d'avoir prêté ce serment, ils devront faire enlever un chargement de vase : « Puniatur in hoc scilicet quod teneatur extrahere seu extrahi facere unam caupolatam fimi de portu » (liv. 4, chap. 6). Ce Statut doit être publié trois fois par an.

Les propriétaires de barques ou de navires ne doivent pas les laisser s'emplir d'eau et couler dans le port : il faut les relever, enlever le fumier et la vase qu'on y trouve dans le délai fixé par la commune. Le retard est puni d'une amende prononcée ex arbitrio rectoris (liv. 4, chap. 1).

Enfin, quand on passe au feu les navires dans le port de Marseille, on recommande de le faire dans l'endroit désigné et de ne jamais laisser la flamme dépasser la moitié de la coque (liv. 5, chap. 48) : « Et in bruscando in dicto portu, ille qui bruscabit hanc adhibeat cautelam, quod ignis ille non transcendat mediam coopertam cum prædicta media cooperta superius, sit valde periculosa flamma illius ignis cum transcendit. »

SECTION IIe. — Des navires (1). — De l'armement. — Police de la navigation.

Les statuts se préoccupent des moyens de défense des navires de Marseille ; on sait que la Méditerranée était infestée à cette époque, comme elle l'a été depuis, de pirates chrétiens et mahométans.

Tout marchand qui a à bord pour cent livres de marchandises doit se munir d'une cuirasse ou d'un haubert. Si le chargement vaut deux cents livres, il faut avoir une armure complète ; au-dessous de cent livres, il suffit d'avoir un épieu, un bouclier et un casque. Ceux qui ne se soumettent pas à ces injonctions doivent 60 sous d'amende ; le patron est tenu de signaler les contraventions au recteur (liv. 4, chap. 19).

(1) Pour la construction — v. *Consulat de la mer*, chap. 2 à 7.

Les navires jaugeant plus de deux mille quintaux (deux cents tonneaux environ), devront avoir à bord deux balistes à cornes de deux pieds au moins. On embarque un marin pour les manœuvrer. Quand la jauge est au-dessus de 4000 quintaux on impose une baliste de plus appelée : *balista de torno*. Les inspecteurs de la navigation veilleront à ce que les balistes soient bien garnies de tous leurs accessoires, et à ce qu'on emporte au moins deux cents livres de carreaux (traits) pour chacune d'elles. (Méry et Guindon, t. 4. p. 111.)

La bannière de Marseille, avec la croix au milieu, est portée réglementairement par tous les navires du port ; il leur est interdit d'arborer un autre pavillon, si ce n'est en Syrie où les Marseillais ont des prérogatives plus grandes que les autres nations ; là on leur permet d'avoir un drapeau spécial, mais qu'on doit porter concurremment avec la bannière de la commune (liv. 4, chap. XIV).

Pour éviter les naufrages dans la mauvaise saison, on interdisait aux navires de séjourner dans le port de Ratonneau depuis la Saint-Michel jusqu'à Pâques. Celui qui agira autrement paiera cinquante livres d'amende et plus si le recteur le juge convenable.

Enfin, on défend au navire de stationner à l'embouchure du port depuis le pilier sur lequel est sculpté une croix, entre la maison de Guillaume le cornu et celle de Bernard Bainhère, et de s'amarrer ou de se touer sur la tourrette qui est au milieu du port : « Et quod aliquæ naves non possint se *ormeiare* vel prohicia ponere ad torretam portus quæ est in medio portus » (liv. 4, chap. 11).

SECTION III. — Des mariniers et des écrivains des navires.

Une première règle c'est que les équipages doivent être formés de marins marseillais ; le patron ne peut pas avoir à son bord plus de quatre matelots ultramontains à peine d'une amende de cent sous par homme (1) (liv. 4, chap. 18).

Les mariniers jurent sur l'évangile d'obéir partout aux

(1) Sur la condition des matelots, au 13e siècle, dans la Méditerranée, v. *le consulat de la mer*, chap. 124 à 184.

consuls établis par la commune de Marseille. (Méry et Guindon, tome 4, p. 110.) Le matelot étranger qui refuse de leur obéir, est exclu pour trois ans des navires de Marseille ; et si on le saisit dans la ville on le condamne à 60 sous d'amende.

On fait encore jurer aux mariniers, qu'une fois sortis du port, ils ne coucheront pas hors du navire sans la permission du patron qui doit toujours garder à bord le tiers ou la moitié de l'équipage. Cette dernière quotité est exigée dans les îles de Marseille. Ces prescriptions sont garanties par une amende de vingt sous (1). L'écrivain du navire jure de faire connaître au syndic du port de Marseille, les marins qui n'ont pas bien fait leur garde.

Le maître du navire qui ne veille pas à ce que le matelot ait des vivres sera puni. En règle il doit donner aux mariniers quinze sous par mois pour les vivres, à moins de conventions intervenues avec l'équipage. Si le matelot déserte après avoir reçu l'argent du patron, il encourt une peine arbitraire tant sur sa personne que sur ses biens.

Dans le Consulat de la mer (chap. 100), on dit : « Tout patron d'un navire ou d'une barque qui a tillac doit donner à manger, à tous les matelots, trois jours par semaine, de la viande, c'est-à-dire le dimanche le mardi et le jeudi ; les autres jours de la semaine il doit leur donner la soupe (cuynat) et tous les soirs de quoi accompagner le pain ; et aussi trois fois, le matin, il doit leur faire donner du vin, et de même il doit leur en faire donner tous les soirs. Ce qui doit accompagner le pain consistera en fromages, oignons, sardines ou autres poissons salés. » (Traduct. de Pardessus, droit maritime, t. 2, p. 136.)

Quand les navires sont chargés par les passagers, on doit payer les matelots avant de sortir des îles de Marseille. (Méry et Guindon, tom. 4, p. 109.)

On trouve dans le Consulat de la mer six manières d'engager les mariniers : 1° à tant par voyage (chap. 129) ; 2° à tant par mois (chap. 130) ; 3° à tant par milles (chap. 160) ; 4° à discrétion, alors le salaire était fixé par le con-

(1) Mariner est tengut de no exir en terra, ne anar sens paraulu de notxer o del scriva.» (*Consulat de la mer*, chap. 121.)

tre-maître et l'écrivain qui juraient d'arbitrer fidèlement ; 5° à la part (chap. 247) ; 6° moyennant le droit de charger une quantité déterminée de marchandises. Bien que les statuts de Marseille ne parlent point de ces divers contrats, nous croyons qu'on les appliquait aux marins marseillais par suite de la coutume établie entre les navigateurs. Du reste ces modes d'engagement sont encore en pleine vigueur aujourd'hui. (V. Cod. de Com., art. 254-257.)

Le matelot ne doit pas quitter le navire à son retour de voyage avant qu'il ne soit bien ancré et amarré dans le port, à peine de vingt sous d'amende. (Méry et Guindon, t. 4, p. 108.) C'est une conséquence du principe que les marins et les ouvriers qui se sont engagés à faire un travail doivent l'accomplir entièrement sauf empêchement résultant d'une force majeure (liv. 4, chap. 15.) Dès lors si le navire fait eau, s'il y a des avaries, si le mât est brisé, les matelots doivent travailler pour le prix convenu ; ceux qui refusent rendront ce qu'ils ont reçu et paieront le supplément de salaire qu'il aura fallu donner à d'autres marins.

Le marinier déserteur paie le loyer de son remplaçant et une somme égale à la commune (add. chap. 112 du Consulat de la mer : — *de mariner qui fugira..*) Dans le chapitre 113 on ajoute que le patron sera cru sur sa parole quant au chiffre de l'indemnité réclamée). Le patron a le droit de faire saisir le matelot déserteur et de le livrer attaché, aux consuls ou au recteur de Marseille, mais sans le frapper, sans le blesser, sans lui rompre les membres.

Les statuts défendent aux patrons d'abandonner, à l'étranger, les matelots marseillais auxquels on n'a rien à reprocher ; on doit leur payer les loyers convenus et les rapatrier. (Méry et Guindon, tome 4, p. 105.)

Si le navire est vendu au point d'arrivée (les statuts indiquent Ceuta ou Bougie), il faut payer aux marins le voyage aller et retour (v. art. 252, in fine. Cod. de Com.) à moins que le patron n'achète un autre navire, car alors l'équipage doit le suivre et faire son service (liv. 4, chap. 16). De même si le navire est acheté par des Marseillais qui continuent la même navigation, les matelots restent à bord et travaillent aux conditions qui existaient avec les anciens propriétaires.

Les statuts de Marseille s'occupent assez longuement des écrivains de navires (liv. 4, chap. 26, et Consulat de la mer, ch. 12 à 15).

Les écrivains embarqués jurent d'écrire fidèlement sur leurs cartulaires toutes les choses mises à bord par les marchands (1); leurs marques; les noms et prénoms des chargeurs. On peut exiger communication et même au besoin copie de ces cartulaires; aussi les écrivains doivent-ils les conserver avec soin, à peine de punition corporelle et pécuniaire : *ex arbitrio rectoris.*

On mettait déjà dans les fonctions de l'écrivain de navire, l'obligation de recevoir et d'écrire sur les cartulaires les dernières volontés des marins ou des passagers qui voulaient tester, sans y rien ajouter, sans rien diminuer (conf. art. 988 Code Nap). Il sera assisté de deux témoins qui viendront jurer que la dictée a été conforme à ce que contient le cartulaire.

Sur les navires où il y a des pélerins on exige de l'écrivain qu'il dresse un double cartulaire contenant leurs noms et prénoms sans abréviation, parce que souvent les pélerins disparaissaient pendant le voyage et qu'on voulait pouvoir suivre leurs traces. Les deux cartulaires ont le même nombre de lignes, ils mentionnent par qui les pélerins sont nourris; le nombre des chevaux s'il y en a. L'un des doubles est déposé au greffe de la *curia*. La violation de ce statut entraîne une amende de cinquante sous.

L'écrivain remet gratuitement à chaque passager, une *carta*, un écrit portant son nom et indiquant la place qu'il doit occuper; s'il apprend que l'on fasse quelque chose qui soit nuisible aux passagers il doit en avertir le vicaire et le juge du palais.

Il est défendu à l'écrivain de prendre à sa charge pour les nourrir *(ad viandam)* plus de six passagers, à peine de cent sous d'amende par passager excédant le nombre légal.

(1) D'après le consulat de la mer (chap. XII), l'écrivain qui énonçait des choses fausses sur son cartulaire, perdait le poingt droit : on le marquait au front avec un fer rouge, et ses biens étaient confisqués.

De son côté l'armateur doit jurer qu'il aura un écrivain fidèle chargé d'enregistrer tout ce qui sera mis à bord; mais il faut le prévenir du jour de l'embarquement, cela n'est du reste exigé que pour les navires pontés.

Si la marchandise est perdue ou volée après son enregistrement, les marchands en réclament la valeur aux armateurs, suivant le cours au lieu du déchargement.

D'après le Consulat de la mer (chap. XIII), la responsabilité de la perte pesait sur l'écrivain, sans le concours duquel on ne pouvait déplacer aucune des marchandises mises à bord. Cependant, si l'écrivain ne pouvait pas payer, le navire devait : « L'escriva no ha de que pagar, deu lo pagar la nau, salvat le loguer als mariners (1).»

SECTION IV. — Des Passagers.

Tous les passagers des navires, à l'exception des pélerins croisés et de ceux qui vont visiter la terre sainte, doivent jurer de défendre les hommes de Marseille si le batiment est attaqué, de leur payer les sommes dues en vertu de jugements, et d'obéir à leurs consuls en pays étrangers. — Par contre les consuls et les Marseillais jurent de protéger et défendre les passagers comme des concitoyens (liv. 4, chap. 12. — Conf. Consulat de la mer chap. 16).

On exige des patrons le serment de bien traiter les passagers pendant le voyage : « Quod bonam fidem gerent omnibus quos portabunt et specialiter peregrinos (pélerins) in sanitate et egretudine, vita et morte, tam in personis quam in rebus eorum » (liv. 4, chap. 24). S'ils meurent à bord on exécute leurs dernières volontés; que si le défunt n'a pas fait connaître ce qu'il voulait, on conserve fidèlement son avoir pendant un an et demi, après ce délai il appartient à la commune de Marseille.

On ne voit pas dans les statuts que certains effets du

(1) Le consulat imposait au patron l'obligation de fournir à l'écrivain : des souliers, de l'encre, du papier et du parchemin — : sabates, tinta, e paper, e pergami.

défunt fussent donnés au patron, à l'écrivain ou à des mariniers; au contraire, et en cela Marseille était en progrès sur d'autres peuples de la Méditerranée, on lit dans le chap. 28 du quatrième livre : « Et similiter quod domini navium sive barquerii nullatenus petant, vel exigant, vel habeant vel accipiant de mortuis peregrinis, vel eorum occasione vestes aliquas vel calciamenta.... nisi forsan ei ab ipsis peregrinis expressim relinquerentur sive relicta fuerint. » (1)

Les armateurs juraient de donner aux passagers, quand le contrat le prévoyait, des vivres suffisants et de ne diminuer la ration que dans le cas de nécessité constatée par les principaux de l'équipage.

Le patron ne peut pas prendre à sa table plus de quatre passagers, à moins que ce ne soit par miséricorde et charité chrétienne. Il ne doit jamais faire de société avec certaines personnes qu'on appelait *cargatores* (d'où gargottiers) qui se chargeaient de nourrir les passagers pendant le voyage.

Tout passager qui monte à bord, doit présenter la *carta* que lui a remise l'écrivain pour désigner sa place; le patron ne peut pas le recevoir sans cela et s'il n'a point de vivres suffisants, à peine de cent sous d'amende. Il n'y a d'exception que pour les *cargatores* (gargottiers) qui peuvent amener un domestique par vingt-cinq passagers; il suffit de le porter sur le cartulaire, sans exiger qu'il ait une place déterminée et des vivres à part.

Le patron doit faire connaître aux inspecteurs de la navigation si les gargottiers du bord ont embarqué une quantité de vivres suffisante, sinon on l'obligera à combler le déficit à ses frais. (Méry et Guindon tome 4, page 122.)

(1) *Le Consulat de la mer* contient des dispositions tout à fait différentes. Si un passager meurt pendant le voyage, on donne au patron le lit et un des habits du défunt : le contre-maître doit avoir également un habit; le patron de la chaloupe avait les souliers, le couteau et la ceinture, le gardien du navire prenait les culottes; — mais ces deux derniers devaient enterrer le corps ou le jeter à la mer. Les vivres embarqués par le passager pour son usage exclusif appartenaient aussi au patron (v. chap. 72 à 75).

Les inspecteurs *observatores passagii* déterminent le nombre de passagers et de chevaux que peut prendre chaque navire. Il y a une amende de cent sous par homme et de quinze livres par cheval dépassant le chiffre limité.

Dans le même ordre d'idées on avait accordé à chaque passager, pour se coucher, l'espace que voici: Deux palmes et une demi-canne en largeur; sept palmes en longueur, ou six et demie au moins. — Quant aux chevaux il leur fallait trois palmes en largeur, et les statuts ne déterminent pas la longueur (liv. 4, chap. 25).

On fait remarquer que dans la longueur accordée, il faut placer deux passagers qui coucheront de manière à ce que les pieds de l'un soient à la tête de l'autre : « Quod debeant ibi esse seu stare, *duo* peregrini, sicut consuetum est eos collocari in navibus, scilicet uno tenente pedes versus caput alterius.» Méry et Guindon, tome 3, page 124).

Les statuts contiennent des dispositions souvent répétées sur les *cargatores*, qui se chargent de nourrir les passagers pendant le voyage. Ordinairement ils ne pouvaient pas contracter d'engagement envers plus de dix passagers et il ne devait pas y avoir plus de quatre gargottiers à bord; c'est du moins ce qu'on lit dans le statut commercial de 1228 : « Statuimus quod quilibet cargator navium ville vice-comitalis Massiliæ possit recipere, ad suam viandam, *tantum* decem peregrinos transeuntes ultra mare....... eo salvo quod in qualibet nave esse ultra quatuor cargatores. » Méry et Guindon tome 1, page 350). Ils jurent de traiter convenablement les passagers, de ne s'associer ni avec le patron, ni avec le maître du navire; car alors on n'aurait plus sur eux l'autorité nécessaire pour les faire agir convenablement liv. 4, chap. 27). Par la même raison il leur est défendu d'acheter leurs vivres chez les inspecteurs de la navigation, leurs femmes ou leurs enfants, à peine de vingt-cinq livres d'amende. Le biscuit à emporter ne doit pas être fait par les *cargatores* ou dans leurs maisons : on redoute encore que, pour augmenter leurs bénéfices, ils n'emploient des farines de mauvaise qualité qui ne se conserveraient pas à la mer (liv. 4, chap. 27). On comprend moins la prohibition de prendre les passagers *ad viandam suam* avant le départ, mais le texte des statuts est formel. « Sed nec aliquem peregrinum ad viandam suam recipiant eidem *in terra* ministrandum ; sed tantum a die qua navis *velum fecerit*, et si contra fecerit cargator pro singulis peregrinis in C. sol. puniatur. » (Méry et Guindon, tome 4, page 129).

Le *cargator* doit faire la traversée en personne avec les passagers, à moins qu'il n'en soit empêché par la maladie ou par toute autre raison grave. Il se fait remplacer dans ce cas par une personne capable, avec l'autorisation de la justice.

Le patron ne peut changer la destination du navire ; dès qu'il y a réclamation de quelques-uns des passagers, il faut aller au lieu convenu. S'il se rend malgré cela dans un autre port il perd tout son frêt qu'il rend aux passagers s'ils sont présents à Marseille, ou dont la commune s'empare s'ils sont absents : « Et si absentes erunt a Massilia illi peregrini, pro communi Massiliæ ipsum naulum totum retineant ipsi rector vel consules, non obstantibus pactis vel conventionibus aliquibus factis vel adhibitis inter dictos dominos et peregrinos. » Si les condamnés ne peuvent pas payer on les met en prison jusqu'à ce qu'ils aient désintéressé les passagers. (Méry et Guindon, tome 4, page 133).

Pour assurer l'observation des règlements sur la navigation, tous les navires portant des passagers sont inspectés à chaque voyage par des hommes probes qui voient si le navire a été convenablement réparé de manière à faire la traversée sans danger (liv. 4, chap. 31). Ces inspecteurs sont au nombre de trois, choisis parmi ceux qui connaissent l'art de la mer (liv. 1, chap. 35). Ils jurent d'agir sans passion, sans crainte et sans haine, que ni eux, ni leurs femmes, ni leurs enfants ne recevront rien des maîtres patrons, écrivains et gargottiers des navires en dehors de leur salaire légal qui est de dix sous sterlings par navire portant mille passagers. On ne défend pas cependant les cadeaux de victuailles (esculenta et poculenta) jusqu'à la valeur de trois sous royaux. Nous avons déjà vu que les inspecteurs de la navigation ne pouvaient pas vendre des vivres ni du vin aux patrons et aux cargatores (1).

Les inspecteurs voient combien le navire peut porter d'hommes et de chevaux ; si les hommes ne sont pas confondus pêle-mêle avec les animaux. Ils vérifient les vivres embarqués par les *cargatores*, et font changer ceux qui ne sont point de bonne qualité à peine de vingt livres d'amende. Ils assistent à la revue des passagers et recueillent leurs réclamations à l'occasion des places ou de tout autre sujet, en un mot, ils doivent veiller à ce qu'il ne se commette aucune fraude. Si les trois inspecteurs ne peuvent pas procéder ensemble, deux suffisent ; ils font un rapport à la curie et on le transcrit sur les registres de la commune.

SECTION Ve. — Des contrats et quasi-contrats maritimes.

Naulum (du nolissement.) — Le contrat de louage appliqué aux navires est connu en latin sous le nom de *naulum*, traduit en français par le mot nolissement, de là le verbe noliser. Dans l'Océan on dit plutôt : affrètement et affréter.

Il est évident que le nolis était appliqué à Marseille sur une très-grande échelle : les statuts en parlent cependant assez peu, parce que l'on appliquait, très-probablement, les us et coutumes recueillis depuis dans le Consulat de la mer.

Voici le resumé de ce qu'il y a dans les statuts : celui qui a nolisé un navire et qui le mène plus loin que le port

(1) Ce salaire de 10 sous sterlings par navires portant *mille* passagers, fait voir que les constructions maritimes avaient des dimensions importantes. — Quant aux sous sterlings, Papon fait remarquer dans son *Histoire de Provence* (tome 2, p. 568, note 3) que : « la monnaie sterling a été longtemps en usage en Provence. — Le voisinage des provinces possédées par les rois d'Angleterre l'avait fait connaître..... Suivant les statuts d'Edouard Ier, le denier sterling devait peser 32 grains de froment du milieu de l'épi, 20 deniers faisaient l'once, et 12 onces la livre. Depuis le milieu du 12e siècle, jusqu'à la fin du 13e, un denier sterling valait quatre deniers tournois et le marc valait 13 sols, 4 deniers sterlings..... »

indiqué, sans force majeure, répondra de tous les risques et devra un supplément de nolis à tant par mille maritime (liv. 4, chap. 7): *Estimacione facta per milliaria.* » Si, au contraire, on est allé moins loin, le nolis est bien dû en entier, mais celui qui a loué le navire n'est point responsable des cas purement fortuits.

Une fois le contrat fait, le loyer est dû, même quand on ne charge pas; si le maître du navire trouve un chargement à un prix moins avantageux il faut lui payer la différence (1) (liv. 4, chap. 8).

Dans le chapitre 9 du quatrième livre on suppose que l'affréteur ne veut plus laisser partir son navire; s'il a donné des arrhes ou des gages il les perdra, sans préjudice des dommages et intérêts. Mais il ne répond pas des obstacles provenant de forces majeures; dans ce cas il faudrait lui rendre les arrhes reçues. On considère comme cas de force majeure : la maladie du patron, la prise par les pirates, l'arrêt ou embargo par ordre du seigneur ou de justice, et *hiis similia*, ajoutent les statuts. Ce sera une question de fait (2). (Conf. art. 276-277 Cod. com.).

Le maître de navire qui, après avoir fait un prix, en exigerait un plus élevé, serait tenu de rendre le surplus et de payer en outre une somme égale dont une moitié pour la commune et l'autre pour l'affréteur.

Cette règle est applicable à ceux qui se sont engagés à faire des transports par terre (liv. 4, chap. 10).

Du Chargement. — Quant aux marchandises chargées à bord, voici ce qu'on décide. 1. Si on délie les faix ou les balles sans la volonté du propriétaire, les avaries seront payées, sur le serment du chargeur, par l'armateur s'il est à bord, sinon par le patron. Le fret est perdu; si on l'a déjà reçu il faut le rendre (liv. 4, chap. 21. — add.

(1) Dans le *Consulat de la mer*, chap. 39. — (Du marchand qui se désistera après avoir affrété), on voit qu'il fallait suivant les cas, payer le *tiers* du nolis si les marchands n'ont encore rien chargé; la *moitie* si les marchandises sont déjà à bord, et la totalité si le navire a déjà fait voile.

(2) V. *Consulat de la mer*, chap. 44. 45. 46. — Les dommages et intérêts sont calculés sur la valeur des marchandises au lieu du déchargement.

Consulat de la mer, chap. 19 et suivant). *B.* Il est défendu à tout patron ou marchand, de charger des marchandises sur le pont à moins que ce ne soient des choses légères, dans des caisses, pour lesquelles on ne paye pas de nolis (liv. 4, chap. 20). On craint que ce mode de chargement ne compromette la stabilité du navire. Il y a exception pour les navires qui ont deux ponts, dans ce cas on peut mettre des marchandises sur le pont intérieur, ce qu'on appelle actuellement l'entrepont (conf. Art. 229,421 Cod. com.).

S'il y a jet des marchandises placées sur le pont, par crainte de la mer ou des corsaires, le marchand qui a consenti à ce mode de chargement ne peut pas demander à être indemnisé par contribution. Le propriétaire du navire devra cent marcs d'argent à la commune.

Si les autres marchands ont éprouvé du préjudice, par suite de cette manière de charger, on les indemnisera aux dépens du patron et du marchand qui a donné son consentement. La responsabilité de l'armateur qui est à bord, est personnelle, on ne peut rien demander aux associés restés à terre.

On n'applique pas ce statut aux navires qui viennent à Marseille chargés de blé ou de fruits comme : noisettes, noix, châtaignes, figues, etc., de même les navires venant de Barbarie peuvent porter sur le pont des chevaux, des animaux, de la laine et des brondrons (1).

La perte des marchandises chargées à bord et survenue par la faute du patron ou le vice propre du navire donne lieu à une indemnité calculée d'après une enquête faite par le recteur à Marseille et par le consul à l'étranger.

Du jet et de la contribution. — Le chapitre 30 du quatrième livre est consacré au jet des marchandises pour sauver le navire ou pour échapper aux pirates.

Si le jet a été fait du consentement de tous les marchands

(1) Brondrons signifie probablement des toisons non rasées. — On lit dans le tarif des douanes de 1228 : « sain et seu, et guitran, et formaies et brondrons lo quintaly — 3 deniers. » (Sain, suif, goudron, fromages et brondons) (Méry et Guindon, tome 1, p. 347 et 378.)

ou de la majorité, ou de la partie la plus éclairée des chargeurs, et si le navire a été sauvé par le sacrifice accompli, on paiera la valeur des objets jetés ou détériorés.

L'indemnité est payée au marc le franc par la valeur totale du navire et des marchandises ; on calcule la somme d'après ce que les objets jetés auraient été vendus au lieu d'arrivée : « Super totum avere quod in nave dicta vel ligno tempore illius jactus remanserit, nave etiam vel ligno ita salvatis ibi computatis per solidum et libram adequentur, vel contribucio inde fiat in qua contribucione avere dictum quod jactatum est, et merces inde pejoratae computentur, et secundum quod similiter merces illis valebunt in illa terra in qua navis dicta vel illud lignum eas res salvatas discaricabit portum faciendo. »

Dans le Consulat de la mer, le navire ne contribue que pour la moitié de sa valeur (chap. 51.) Mais le fret contribue également (chap. 53). Quant à l'évaluation des marchandises jetées, le Consulat distingue dans le chap. 52 : si le jet a lieu avant la moitié du voyage, on calcule la valeur du lieu d'achat ; si c'est après la moitié du voyage on prend pour base la valeur au lieu d'arrivée. M. Pardessus fait remarquer que cette décision est unique. Tous les statuts connus prennent ou la valeur au lieu du départ ou la valeur au lieu d'arrivée.

Le jet était toujours commencé par l'un des marchands et l'écrivain du navire dressait le procès-verbal. Dans ce cas on n'appliquait pas la règle qui déclarait nul l'écrit fait pendant qu'on était en pleine mer, parce que l'on craignait qu'il n'y eût violence exercée par le patron ou l'équipage (v. Consulat de la mer, chap. 15, in fine) : « As que la nau tenga prois in terra, o l'escriva sia in terra que ho scriva »).

De la conserve (conf. Consulat de la mer, chap. 48-49). — Il arrivait souvent, au moyen-âge, que deux navires devant aller au même lieu, les capitaines convenaient de naviguer ensemble, pour se porter mutuellement secours en cas de danger pendant la traversée : c'était ce qu'on appelait : naviguer de conserve, et les statuts ont un titre : « de conservagiis conservandis » (liv. 4, ch. 23).

La conserve pouvait être conventionnelle ou imposée par le recteur de la commune. On fixait ordinairement une clause pénale en argent à payer par celui qui abandonnait la conserve sans raison légitime, *sine justo impedimento*. En l'absence de convention, on infligeait une amende de cinquante marcs d'argent, payable seulement par les maîtres qui étaient à bord : « Et de pœnis dictis nullatenus teneatur ipsa navis vel ejus Domini, nisi partes tantum illæ quas in ea haberent ipsi deliquentes. » (Méry et Guindon, t. 4, p. 117.)

Des sociétés et des commandes (1). — Nous avons vu dans des textes déjà cités qu'à l'époque des statuts les marchands avaient l'habitude d'accompagner leurs marchandises. Cependant comme cela présentait des inconvénients, on inventa le contrat de commande en vertu duquel on remettait, à un marin ou à un marchand, des capitaux pour les faire valoir. On partageait les bénéfices dans des proportions convenues. Il résulte du Consulat de la mer que c'était une profession; on lit dans la traduction du chapitre 167 : « Par quelle raison? la voici : beaucoup de commandés qui vont par le monde portant des marchandises n'ont rien à eux (*no an alguna cosa*) : encore plus s'ils n'avaient pas ces commandes, ils seraient méprisés... (*irien a onta*). » (Pardessus, lois maritimes, t. 2, p. 189.)

Il est assez difficile de préciser le moment où cet usage a commencé : les statuts de Marseille en parlent comme d'une institution déjà ancienne et on la retrouve dans les assises de Jérusalem, cour des Bourgeois, chap. 41-45.

Lorsque quelqu'un a donné de l'argent en société ou en commande pour un voyage déterminé, le marchand ne peut pas le modifier sans le consentement de son associé ou de ses héritiers (liv. 3, chap. 19). S'il agit autrement, ou s'il remet le capital à une tierce personne, il répond de la perte des marchandises qu'il doit payer sur la plus haute valeur qu'elles auraient eues au lieu de leur destination.

Quand on n'a rien dit en remettant les marchandises,

(1) V. *Consulat de la mer*, chap. 165 à 174, 210, 234, 235 et 244.

le commandé peut faire tel voyage que bon lui semble (liv. 3, chap. 20). Mais si l'associé lui fait savoir, par lettres portant le cachet de la curie marseillaise, qu'il ait à revenir après le premier voyage, il doit obéir, sauf dans le cas où il aurait déjà commencé une seconde expédition qu'on ne peut interrompre sans s'exposer à des pertes considérables. Alors, il achève le voyage et il rend compte, à son retour, tant du capital que des bénéfices, en présence de témoins honorables ; il peut, s'il le préfère, envoyer l'argent par un messager fidèle.

Dans le cas où le commandé n'obéirait pas à ces prescriptions, la position de celui qui a fourni la commande se trouve fixée à l'instant même. S'il y a des risques dans l'avenir ils sont pour le commandé, et, bien qu'il ait toutes les mauvaises chances, il faut qu'il partage à son retour les bénéfices réalisés (liv. 3, chap. 20).

Quand le commandé cherche à soustraire certaines choses qu'il remet à des tiers comme lui appartenant, on le condamne à une somme double de leur valeur si on prouve la fraude par deux ou trois témoins (liv. 3, chap. 21).

Le commandé qui ne trouve plus à son retour, ni son associé, ni ses héritiers, n'a pas le droit d'emporter de nouveau, ou d'expédier en voyage la portion de la commande qui ne lui appartient pas ; s'il le fait il a tous les risques à sa charge, et il doit en outre abandonner les trois quarts des bénéfices réalisés à son associé ou à ses représentants (liv. 3, chap, 23).

Le commandé n'a rien à rendre quand le navire sur lequel il s'est embarqué périt ou est pris par les pirates ; il faut cependant établir que la commande était réellement à bord (liv. 3, chap. 24) et qu'elle n'a pas été sauvée.

La liquidation des commandes devait être poursuivie dans les quatre années, qui couraient du moment où l'on avait pu agir utilement contre le commandé ou ses héritiers. Après l'expiration de ce délai on était non recevable à rien demander même quand la commande était établie par acte authentique : « Et si quod instrumentum publicum de prædicta commanda vel societate, tempore dacionis illius factum fuerit vel inventum, illud elapsis dictis quatuor annis inefficax et inutile sit et habeatur.

omnique robore destitutum » (liv. 3, chap 25). La déchéance n'est point opposable à celui qui établit : 1° que le commandé est son parent ou son allié au troisième degré, parce que l'affection est une cause sérieuse d'abstention en matière de poursuites judiciaires ; 2° ou bien que le débiteur était tellement insolvable qu'il aurait été inutile d'agir contre lui ; 3° on pouvait encore invoquer la minorité, l'absence, l'ignorance de la commande, la folie, etc., etc.

Le procès commencé devait également être terminé dans le délai de quatre ans, à moins que le retard ne pût être imputé au juge, ou aux arbitres nommés par compromis, ou à la minorité de l'un des intéressés. Il en serait de même si on avait fait un acte récognitif, précisément pour éviter d'encourir les déchéances, car alors on commence un nouveau délai : « Et a die illius innovationnis novum quadriennium computetur » (liv. 3, chap. 25).

NAUTICUM FŒNUS. — Du prêt à la grosse (v. cod. com. art. 311 à 332) (1).

Dans les textes du droit romain on rencontre le *nauticum fœnus* au livre 22, titre 2 du digeste, et au livre 4, titre 33 du code de Justinien. Le prêteur remettait à l'emprunteur une somme qui devait être employée à une expédition maritime, avec cette condition, que si le navire périssait la créance serait perdue, mais que s'il arrivait à bon port on lui rendrait son capital et en outre un intérêt déterminé.

L'élément naturel du *nauticum fœnus* se trouvait dans la chance de perte courue par le prêteur ; la remise de l'argent pouvait avoir lieu soit pour l'armement du navire, soit pour acheter des marchandises sur lesquelles on voulait spéculer. Il est évident qu'on ne présumait pas ce contrat, il fallait en faire l'objet d'une convention formelle.

(1) On lit dans le *Guidon de la mer*, chap. 18. — « Du contrat de Bomerie qui est argent à profit ou grosse aventure. » Bomerie est une quille équipée, un vaisseau garni. (Valin, tome 2, p. 2.)

Le prêteur ne pouvait rien réclamer s'il y avait eu naufrage du navire, ou perte des marchandises par cas fortuit. Les risques commençaient à courir du jour où le navire mettait à la voile, et duraient soit pendant tout le voyage, soit pendant le temps convenu.

Les risques considérables auxquels le prêteur était exposé, avaient fait admettre : 1° qu'on pouvait fixer l'intérêt au taux convenu; la limite légale de 12 % n'était pas obligatoire. Quand le navire était arrivé on en revenait de plein droit à l'intérêt de 1 % par mois. Du reste Justinien fixa le maximum du *nauticum fœnus* à 12 % d'intérêt par an, dans sa novelle 106.; 2° qu'il n'y avait pas besoin de *stipulation* comme dans les autres cas ; il suffisait d'un simple pacte pour que l'intérêt pût être exigé(1).

Que devint le *nauticum fœnus* au moyen-âge? C'est une question assez délicate.

Dans les recés de la ligue hanséatique, au 15e siècle, le prêt à la grosse était interdit (v. Pardessus lois, maritimes tome 2, p. 477-482-484). Mais il fut permis à la fin du 16e siècle (v. Pardessus, Eod., p. 525).

Le Guidon de la mer, qui date très-probablement de la moitié du 16e siècle, cite le prêt à la grosse comme parfaitement admis à Rouen (chap. 18, § 1 — Pardessus, lois maritimes, tome 2, p. 423).

Les Rooles d'Oléron, recueil du 13e siècle, ne mentionnent pas le *nauticum fœnus*, sans le défendre cependant. On dit dans l'article 23, que si le patron a besoin d'argent, il doit vendre des marchandises : « ores le mestre poet bien prendre de vyns as marchanz et les vendre pur avoir son estorrement.» (Pardessus, lois maritimes, tome 1, p. 339.)

Dans la Méditerranée, le *nauticum fœnus* n'avait pas plus disparu que le droit romain. Cependant le Consulat de la mer est à peu près muet sur ce point. On peut voir, il est vrai, une allusion à ce contrat dans le chapitre 194 : « Del comprar de les vitualles è coses necessaries a la nau. » On suppose que le patron a emprunté et l'on ajoute : « Mais si le navire se perd avant que l'emprunt

(1) Voir notre traité de *droit Romain*, tome 2, p. 97.

ait été remboursé, aucun actionnaire n'est obligé de rien payer à celui qui aura prêté. Si la nau se perdra, persouner algu no n'es tengut de res a retre a aquell qui prestat hi haura). Pardessus, lois maritimes, tome 2, page 226.) Cette allusion nous paraît d'autant plus claire que nous trouvons le *nauticum fœnus*, parfaitement expliqué dans les statuts de Marseille. Or, ce qui était d'usage dans cette ville devait être également usité dans les autres ports de la Méditerranée.

Le contrat à la grosse n'était pas considéré comme une usure, et l'on permettait à ceux qui l'exerçaient de servir de témoins, bien qu'on refusât ce droit aux usuriers : « In his autem minime intelligimus contineri eos qui *pecuniam nauticam* donant aliquibus, vel per terram, quæ vadi ad eorum qui dant periculum et fortunam» (liv. 2, chap. 10).

C'est au cinquième livre, dans le chapitre 5, que les statuts traitent de cette matière sous le titre : « De pignore dato in navibus pro aliqua pecunia.» On suppose d'abord l'affectation comme gage d'un objet spécial que le créancier marque de son cachet; s'il y a perte totale ou de la plus grande partie, la dette est éteinte : « tunc amisso pignore ut dictum est, debitor ille nullatenus tunc de illo debito teneatur.» Quand il n'y a pas de convention, affectant spécialement un objet, le créancier a pour gage le navire et tout ce qu'il contient ; en cas de perte totale, il ne peut rien réclamer, en cas de perte partielle, on le paie sur ce qui reste et jusqu'à concurrence de la valeur des débris. (Méry et Guindon, t. 4, p. 33. Enfin si le navire arrive à bon port, on paie le créancier en entier.

Le texte des statuts ne mentionne pas le taux d'intérêt auquel on faisait le *nauticum fœnus*; nous pensons qu'on était revenu aux principes de l'ancien droit romain et qu'on permettait de convenir de la somme, suivant que le risque était plus ou moins grand.

TROISIÈME PARTIE

Procédure Civile et Droit Pénal.

CHAPITRE Ier.

Procédure Civile.

La procédure est l'ensemble des règles à suivre pour arriver à la sanction des obligations.

L'utilité de ces règles est incontestable; il faut d'un côté que les demandeurs puissent arriver à établir leurs droits, et que de l'autre les défendeurs aient les moyens d'exposer les raisons pour lesquelles ils refusent d'exécuter ce qu'on leur demande.

Il n'y a point un traité complet de procédure civile dans les statuts, mais cependant ils contiennent une quantité notable de dispositions sur cette matière; nous suivrons ici une division toute naturelle : 1° la compétence et l'ajournement; 2° l'instruction; 3° les jugements; 4° les voies de recours; 5° Les modes d'exécution.

1° COMPÉTENCE ET AJOURNEMENT. — Remarquons en commençant qu'on admettait à Marseille, comme chez les Romains, la possibilité de se faire représenter en justice par un mandataire, mais on ne faisait plus la distinction entre les *procuratores* et *les cognitores* (1), le jugement était toujours considéré comme rendu contre le mandant.

Le procureur constitué verbalement ou par écrit ne

(1) Le procurator plaidait en son nom — le cognitor plaidait au nom du mandant.

pouvait du reste agir en justice qu'après avoir juré : *tactis sacrosanctis evangeliis*, qu'il plaidait de bonne foi (*sine calumnia*); il promettait de ne pas trahir les intérêts de sa partie. Le serment était mentionné sur le cartulaire du tribunal (liv. 1, chap. 26).

La commune de Marseille se montrait jalouse de sa juridiction. Aucun de ses citoyens ne devait acheter de terres, ou les prendre en emphytéose, à la condition d'aller plaider ailleurs que devant les tribunaux et les juges Marseillais (liv. 2, chap. 28). L'acte qui contiendrait cette clause serait nul; le notaire et l'acheteur paieraient chacun cent sous d'amende.

On suivait ordinairement la règle de compétence fondée sur le domicile du défendeur, *actor sequitur forum rei*; cependant ce principe ne paraît pas avoir été accepté dans tous les statuts du midi, on lit en effet dans un momument de 1209, promulgué pour Aix, par Raymond Béranger, comte de Provence et de Forcalquier. « Statuimus quod Massalienses conveniantur Aquis et in bajulia, si ibi reperiantur, sive contraxerint sive non » Mais c'était là une décision féodale, de laquelle on ne peut pas argumenter. (Giraud, tome 2, page. 24.)

Ajournement et actes preliminaires. — Nous savons que l'ajournement, *libellus*, était ordinairement notifié par les huissiers, *cursores*, et nous avons fait la remarque que le juge pouvait remettre au demandeur lui-même le bâton qui donnait la puissance d'appeler les récalcitrants devant le tribunal : « Item statuimus quod baculi signati signo communis Massiliæ teneantur in curiis Massiliæ, et quod quilibet cui a suo adversario vel alio ostensus fuerit baculus, ille statim incontinenti teneatur venire ad curiam » (liv. 1, chap. 33).

Le libellus contient : 1° le nom du demandeur; 2° celui du défendeur; 3° l'indication de la chose ou de la somme demandée. Il doit être remis au défendeur qui peut s'opposer sans cela, à ce que l'affaire soit poursuivie, si elle n'est pas encore arrivée à la *litis contestatio* (1). Car alors

(1). C'est encore un souvenir du droit romain et de la procédure formulaire

il ne pouvait pas prétexter d'ignorance. — Il fallait du reste que le défendeur eût une capacité suffisante pour figurer en justice.

On n'est pas tenu de remettre un libellus dans les affaires de peu d'importance, ainsi quand la somme ne dépasse pas soixante sous, à moins que la cause ne soit infamante, *famosa*, ou qu'elle ne porte sur des questions de censives. On excepte encore les procès des croisés entre eux, ou avec des Marseillais, ou avec les marins qui ont promis de les transporter en Terre Sainte. Ces difficultés doivent être jugées rapidement, et ici encore les statuts vont se servir d'un vocabulaire entièrement emprunté au droit romain classique : « Quas non solum sine libello, sed etiam per merum officium judicis extimari de plano, volumus et terminari etiam diebus feriatis » (liv. 2, chap. 2).

Celui dont la créance est constatée par un acte authentique peut agir à son choix, soit en donnant le libellus, soit en demandant l'exécution de l'acte. Il y a là quelque chose qui ressemble à l'exécution parée dont la loi moderne fait jouir les actes notariés.

La sentence est toujours fondée sur la somme demandée oralement ou dans l'acte d'ajournement; c'est sur la demande que l'on calcule les frais de justice et la somme due à l'avocat quand il n'est pas convenu d'une somme moindre avec le client (liv. 2, chap. 3).

La demande doit être faite de manière à ce que le défendeur puisse être mis immédiatement hors de cause en payant la somme réclamée.

S'il s'agit de procès qui ne donnent pas lieu à une évaluation immédiate en argent, comme les questions de *liberté*, de filiation, d'exhibition d'un homme libre (1), il faudra mettre une somme d'argent dans le libelle pour pouvoir calculer les frais (ut eciam secundum eam justitia

Sur la litis contestatio, voir notre traité du *droit Romain*, tome 2, pages 172 et 520.

(1). Le texte des statuts, en parlant ici « de libero homine exhibendo vel deducendo », fait évidemment allusion à la théorie des interdits romains (V. Digeste — de libero homine exhibendo — liv. 43, tit. 29).

curiæ, et advocatorum salaria taxentur). Mais ici le défendeur ne pourrait arrêter le procès en offrant la somme contenue dans le libellus.

Après l'oblatio libelli, le défendeur Marseillais a dix jours *utiles* et l'étranger cinq pour préparer sa défense ; c'est ce que les statuts appellent : *dilaciones* (liv. 2, chap. 3) ; le juge peut les augmenter s'il le croit nécessaire.

Les deux parties étaient tenues de prêter devant le juge le serment *de calumnia*, c'est-à-dire de jurer qu'elles agissaient de bonne foi (1). Celle qui succombait était condamnée à payer le *tiers* de la valeur en litige, à moins de prouver qu'elle avait eu de justes causes d'erreur (liv. 2, chap. 3).

Après la litis contestatio, quand l'affaire est liée par des conclusions respectives, on demande aux plaideurs des gages suffisants pour garantir le paiement des frais de justice, et les amendes (*bannum*) dans le cas où il pourrait y en avoir. On calcule ces gages à raison de douze deniers par livre, cette caution est imposée à tous les Marseillais, à moins qu'ils n'affirment, sous serment, qu'ils sont dans l'impossibilité de la fournir; alors la justice doit passer outre.

Cette faveur ne serait pas accordée à celui qui viendrait devant le juge avec des avocats payés d'avance ou dont le salaire serait garanti (liv. 2, chap. 5). Si le juge apprend, après la prestation de serment, que la partie a des biens meubles ou immeubles, valant (déduction faite des dettes) le vingtième de la somme en litige, il le condamnera précisément à une amende du vingtième, et il le contraindra à donner des gages (2).

(1) *Le serment de Calumnia est traité au code de Justinien*, liv. 2, tit. 59 et aux institutes, — liv. 4, chap. 16, § 1.

(2) Il y a toujours eu, dans le midi, préoccupation de venir au secours des plaideurs sans fortune. A Nimes il y a depuis des siècles l'avocat des pauvres. — Dans un statut de Charles Ier, comte de Provence, en 1245, on lit : « item quod causæ peregrinorum et pauperum miserabilium expediantur pure et per simplex judicis officium et sine strepitu judicii et figura ; et..... pauperes sine lata et dispendio expendio expediantur. » (Giraud, t. 2, p. 26) Il y a là le germe de l'assistance judiciaire demandée en France depuis si longtemps et réalisée seulement par la loi du 22 janvier 1851.

En principe tous les étrangers qui plaident contre les Marseillais doivent donner caution : nous avons vu les exceptions en nous occupant de la condition des personnes au point de vue du droit public.

Les gages donnés par les plaideurs, sont remis à un citoyen de Marseille, sachant écrire et qui jure de les conserver fidèlement. Il inscrit sur un cartulaire le nom des personnes, l'objet du procès, l'année et le jour de la remise. On lui paie pour salaire annuel quinze livres seulement.

Il lui est défendu de donner les dépôts en *commodat*, prêt à usage, ou en *mutuum*, prêt de consommation; tous les quatre mois il rend compte des deniers déposés, aux syndics de la commune et aux citoyens délégués pour vérifier sa comptabilité.

Les fonctions de receveur des gages ne peuvent pas être confiées aux procureurs et aux avocats (liv. 1, chap. 14).

Instruction ; preuve littérale et testimoniale. — On faisait l'instruction en présentant au juge des titres écrits ou en produisant des témoins.

Les statuts regardent comme inattaquables les preuves résultant des actes notariés (liv. 2, chap. 16). S'il s'agit de testaments, on ne peut leur opposer qu'une révocation postérieure; pour les obligations on n'admet que l'exception de faux, ou la démonstration que la dette a été éteinte : « Et pactum de non petendo perpetuo vel temporalis, et solutionis debiti in solidum vel in partem vel liberationis seu satisfactionis cujuscumque loco solutionis vel liberationis, et compensationem alterius debiti propter quæ si probata fuerint, judex videat reum merito in partem vel in solidum absolvendo. (Méry et Guindon, t. 3, p. 75-77.)

On sait qu'en droit Romain, le défendeur pouvait opposer l'exception *non numeratæ pecuniæ*, même au porteur d'un acte écrit (v. Code de Justinien, liv. 4, tit. 30). Les statuts ont conservé cette règle quoique le débiteur y ait renoncé dans l'acte, parce que ce serait devenu une clause de style; il faut seulement prêter d'abord le serment *de calumnia*; le demandeur est ensuite obligé d'affirmer par serment la vérité de son titre ; c'est alors qu'on fait la preuve de part et d'autre ; mais si le créancier n'établit pas la numération il perd son procès : « Credatur reo contra instrumentum et reus in quantum judici visum fuerit absolvatur. » (Méry et Guindon, t. 3, page 75.)

Les statuts mentionnent les actes sous seing-privé, mais ils s'en occupent peu ; d'ailleurs. la science de l'écriture n'était pas très-répandue à cette époque puisque nous avons vu qu'on supposait un changeur illétré. On avait donc recours aux actes notariés ou à la preuve testimoniale.

Celui qui veut faire entendre des témoins dans un procès pendant à Marseille, doit indiquer au juge, par écrit, leurs noms et les faits sur les quels ils déposeront, ou du moins il doit faire écrire cela par le greffier.

On peut obtenir du juge quatre délais pour produire des témoins (liv. 2, chap. 8). L'adversaire doit être prévenu du jour de l'audition, afin que s'il ne veut pas venir lui-même, il puisse envoyer un représentant légal pour discuter les témoignages et poser des questions aux témoins.

A Arles, au contraire, personne n'assistait aux enquêtes : « Statuimus quod testes non audiantur a parte... sed sigillatim et a judice, presente tabellione qui eorum dicta scribat » (chap. 31, Giraud, 2, p. 198). Il est évident que le système de Marseille présente plus de garantie ; les témoins qui voudraient altérer la vérité sont retenus par la présence des personnes qui peuvent leur opposer immédiatement un démenti.

Les témoins domiciliés hors de Marseille sont entendus par des juges délégués qui envoient ensuite les dépositions : « per suas litteras sigillo clausas. » Dans le cas où les témoins sont hors de la ville, l'adversaire peut demander d'envoyer, à ses frais, un notaire-greffier pour recevoir les dépositions, ou du moins, pour y assister et dresser un procès-verbal. Ceci a lieu devant toutes les juridictions, même devant les arbitres nommés par compromis et les juges délégués (1).

(1). Cette expression : « et judicibus delegatis » est remarquable, en ce qu'elle

Il y a des personnes dont on ne reçoit pas toujours le témoignage ; les hérétiques, les Juifs, les Sarrazins ne peuvent pas déposer contre un Chrétien, mais ils servent de témoins les uns contre les autres. On repousse également celui qui fait l'usure tant qu'il n'a pas quitté cette détestable profession et tant qu'il n'a pas indemnisé ceux aux quels il a fait tort ; cette règle s'applique à plus forte raison à ceux qui réclament l'anatocisme, c'est à dire l'intérêt de l'intérêt. Nous avons signalé l'exception établie en faveur du nauticum fœnus (liv. 2, chap. 10).

On ne pouvait pas entendre, au civil, les ascendants, descendants et conjoints les uns contre les autres (liv. 2, chap. XI). Quant aux collatéraux comme frères, sœurs, beaux-frères, gendres, etc., on pouvait les forcer à déposer dans les affaires civiles qui n'entraînaient pas la note d'infamie ; « contra se invicem in causis civilibus famosis, a curia Massilæ compellantur. » Mais dans les causes criminelles, ils pouvaient déposer *pour* leurs parents : « Exceptis tamen inde criminalibus causis in quibus *contra* prœdictos dicere testimonium nullatenus compellantur, nisi et *pro* eis in testimonium reciperentur. » Les vieillards sains d'esprit doivent venir déposer, s'ils refusent on les contraint par la saisie de leurs biens (liv. 2, chap. 13).

Les statuts s'occupent du nombre des témoins à présenter ; on sait, qu'au moyen-âge on appliquait généralement la règle : « testis unus, testis nullus » fondée sur la loi 9 § 1 *de Testibus* au Code de Justinien, liv. 4, titre 20 : « Sanximus ut *unius* testimonium, nemo judicum in quacumque causa facile patiatur admitti. Et nunc manifeste sancimus ut *unius* omnimodo testis responsio non audiatur. » A Marseille on admet un seul témoignage, émanant d'un homme connu et honnête si l'importance de l'affaire ne dépasse pas cent sous, pourvu que le témoin prête serment et si la partie affirme qu'il lui est impossible de s'en procurer un plus grand nombre (liv. 2, chap. 12). Pour les procès de vol et d'injures, il faut toujours plus d'un témoin, sans cela le juge prononce l'absolution du défendeur.

amène à penser que l'on appliquait encore à Marseille la délégation de juridiction comme à Rome (V. de officio ejus cui mandata est jurisdictio. D. liv. 1, tit. 21, — et au code, — de pedaneis judicibus. — liv. 3, tit. 3).

Au-dessus de cent sous le nombre des témoins varie suivant la somme réclamée ; jusqu'à vingt-cinq livres, il faut deux témoins; on en demande trois de vingt-cinq à cent livres, et on exige que deux au moins soient Marseillais : « Alioquin per alios nequeat comprobari, si questio est inter cives, vel inter civem et extraneum. » (Méry et Guindon, t. 3, p. 79.) Dans les procès pendant entre des étrangers, la preuve testimoniale peut avoir lieu *per extraneos*, à moins qu'il n'y ait une plainte en faux contre un acte authentique rédigé par un notaire Marseillais ; dans ce cas le témoignage de ceux qui n'appartiennent pas à la ville vice-comitale est repoussé s'ils n'ont pas figuré parmi les témoins instrumentaires; car alors on les admet à prouver qu'on a écrit autre chose que ce qu'ont dit les parties. (Méry et Guindon, tome 3, p. 89.)

Les statuts de Marseille admettent sans difficulté l'enquête *in futurum* (1) quand on veut plaider contre une personne absente et que l'on a de justes sujets de craindre la disparition ou la mort des témoins (liv. 2, chap. 14. — De publicatione testium de quorum morte vel absentia timetur).

Dans ce cas le juge dresse un procès-verbal des dépositions en mentionnant le nom des personnes contre lesquelles elles sont dirigées. Il faut également faire connaitre l'enquête qui va avoir lieu par dénonciation au domicile de l'absent, ou à la personne de sa femme, de ses parents et de ses amis, afin qu'ils puissent remettre eux-mêmes au juge les questions qu'ils veulent faire poser aux témoins. La règle générale est formulée à la fin du chapitre 14 du second livre : « Quod quandocumque interesset alicujus vel aliquorum eciam sine spe litis, testes producere, causa conservandi suum, in retinendo contra quascumque personas jus sive certas, sive incertas et qualitercumque sua interesset justa de causa recipere retinendi aut defendendi jus suum, liceat ei testes producere in formam publicationis ut supra dictum est, sive timeatur de morte, vel absentia eorum, sive non servata

(1) Abrogée en France seulement dans l'ordonnance de 1667, chap. 13 (abrogeons toute enquête d'examen à futur.)

in omnibus et per omnia in ipsa productione formam quæ superius est dictata ».

Les instances étaient périmées par trois ans, comme dans la procédure Romaine et dans le droit actuel (v. l. 13 de judiciis, Cod. liv. 3, tit. 1. — Cod. procéd. art. 397). Cependant les dépositions des témoins reçues par acte public et portées sur les cartulaires des notaires-greffiers peuvent être invoquées dans des instances ultérieures, pendantes même devant d'autres juges et entre d'autres parties; il n'est plus nécessaire d'appeler de nouveau les témoins qui ont ainsi déposé.

Les parties peuvent convenir que la péremption de trois ans ne sera pas applicable dans la contestation, sans distinguer si elle est pendante entre citoyens Marseillais ou entre des étrangers plaidant devant des arbitres nommés par compromis et avec une clause pénale, *sub pœna* (1).

La partie majeure de seize ans, qui présente à la justice de faux actes ou de faux témoins, perd son procès de plein droit (liv. 2, chap. 24). Elle doit en outre payer à la *curia*, une somme égale à celle qui fait l'objet du litige.

Cette décision est inscrite sur le cartulaire de la curie, ce qui entraine une note d'infamie pour la personne. Si le plaideur est mineur de seize ans mais qu'il soit « pubes tamen vel pubertati proximus » il perd également son procès, mais il n'y a pas d'amende prononcée contre lui.

L'auteur des pièces fausses et les faux témoins sont punis d'une amende arbitraire prononcée par le grand conseil de Marseille. Il en est de même pour celui qui a cherché à embaucher de faux témoins et à leur faire la leçon.

Les statuts ne nous apprennent pas comment avaient lieu les plaidoiries; il résulte de ce que nous avons vu qu'elles arrivaient après les enquêtes, puisque celles-ci étaient recueillies par écrit en dehors de l'audience.

Jugements. — Les Marseillais connaissaient les jugements avant dire droit et définitifs.

(1). En droit Romain, la décision des arbitres n'avait point l'autorité de la chose jugée, pour la faire respecter et en assurer l'éxécution on convenait d'une clause pénale (V. loi 1, code de receptis arbitris, — liv. 2, tit. 56).

Le cinquième livre des statuts, contient un chapitre cinquante-quatrième intitulé : « Sequitur de sentenciis interloqutoribus per alium recitandis. » On y décide, en règle, que les recteurs lettrés ou illettrés peuvent prononcer eux-mêmes : Sententias tam interloqutorias quam definitivas. » ou bien les faire lire par un juge assesseur ou un notaire qui aurait écrit la sentence par son ordre. Cela est également admis pour tous les juges délégués et les arbitres nommés sur compromis. (Méry et Guindon, t. 4, p. 215.) Il résulte de ces dispositions que les jugements étaient prononcés publiquement ; il nous paraît indubitable qu'ils devaient contenir des motifs et un dispositif comme dans le droit Romain.

L'intérêt moratoire pour les condamnations était de trois deniers par livre et par mois (liv. 2, chap. 19.)

Le maximum du délai pour exécuter les sentences était de quatre mois, mais il était suspendu quand il y avait appel (liv. 2, chap. 20).

Des Appels. — Dans la première partie de ce travail, nous avons expliqué comment il y avait un juge d'appel nommé pour connaître des sentences rendues en premier ressort.

En principe tous les jugements étaient susceptibles d'ap- « pel: Nisi jure scripto(1), aut aliquo statuto civitatis Massiliæ appellatio sit inhibita » (conf. liv. 1, chap. 6 et liv. 2, chap. 21).On le recevait aussi bien de la part du défendeur condamné, que du demandeur qui avait succombé en tout ou en partie dans ses poursuites.

Il fallait cependant que la somme accordée fut supérieure à cent sous ; on se basait ici sur le jugement et non sur la demande, à moins que le poursuivant repoussé sur une partie de ses prétentions n'eût lui-même interjeté l'appel.

Cette décision est singulière; voici le texte qui la formule : ab hac autem constitutione excepimus causas viles quæ non excedant summam C. sol. reg. cor. aut illius quantitatis æstimacionem in prolatione sententiæ : quam-

(1). Le droit Romain.

vis amplior summa vel quantitas sit *petita*, ut si mille petitæ sint et in centum facta fuerit condempnatio duntaxat et in residuo absolutio, nec enim tum *reo* appellare licebit, nisi *actor* appellaret primo. » (Méry et Guindon, t. 3, p. 94).

On ne peut jamais appeler hors de Marseille de la sentence rendue par un juge de la commune.

L'instance d'appel doit commencer dans les trente jours qui suivent la dénonciation par la quelle on déclare qu'on entend saisir le juge supérieur ; il faut la terminer dans les six mois à moins d'empêchements légitimes et parmi eux on compte les fêtes solennelles, *ob divinum cultum*; les vacances pour faire les vendanges : « sive rusticæ quæ causa vindemiarum consueverunt. »

Les appels portant sur les jugements qui acceptaient ou repoussaient une pièce arguée de faux, devaient être jugés dans les soixante jours (liv. 2, chap. 16 et chap. 21).

Frais. — Le plaideur qui succombe en première instance ou en appel, doit payer les frais, dans lesquels on fait entrer les honoraires des avocats : « Victus victori in expensis condempnetur secundum juris ordinem vel legum..... expensas curiæ et convenientia honoraria sive salaria advocatorum, scriptoris vel scriptorum curiæ, et alias quas proindè dictus victor fecerit vel dederit, solvat aut reddat victus victori prædicto » (liv. 2, chap. 22).

Restitutio in integrum. — Les statuts admettent qu'on peut encore attaquer une sentence par : *restitutio in integrum* même après l'exécution (liv. 2, chap. 20). Comme on n'entre dans aucun détail sur cette matière, il faut en conclure qu'on s'en rapporte au droit Romain, dans le quel les restitutions en entier jouaient un grand rôle (1). *Restituere in integrum* signifie littéralement rétablir en entier. Dans l'ordre matériel on dirait de la reconstruction d'une maison démolie qu'il y a *restitutio* : dans la vie juridique les préteurs ont employé la même expression : « Prætor in integrum restituit » Quand il suppose, en

(1) Voir notre Traité de Droit romain, tome I, p. 311 et suiv.

vertu de son imperium, qu'un acte n'a pas été accompli et qu'il remet les parties dans l'état où elles étaient avant le fait litigieux.

On peut définir la restitutio in integrum : le rétablissement d'un état juridique antérieur, opéré par le préteur et motivé par une opposition entre le droit rigoureux et l'équité.

Il y avait restitution dans divers cas énumérés par les édits des magistrats; *Ob ætatem, ob metum, ob dolum, propter absentiam, propter errorem* etc. Il ne faut pas oublier, enfin, la clause générale du prêteur: « Item si qua alia mihi causa justa esse videbitur, in integrum restituam » (f. 1, in quibus causis.... D. liv. 4, tit. 6).

Celui qui gagne le procès reprend les gages qu'il a déposés; le vaincu paie à la curie douze deniers par livre; mais s'il y a appel dans les *dix* jours, délai après lequel on n'est plus recevable, on attend que la seconde instance soit terminée (1) (liv. 2, chap. 23).

Quand les deux plaideurs triomphent et succombent chacun sur certains points, ils paient proportionnellement à leur défaite, les douze deniers d'amende dus à la curie.

C'est la peine infligée aux plaideurs téméraires, elle est plus sérieuse que celle qu'on retrouve dans divers articles de notre Code de procédure civile (v. art. 471, 479, 494, 553, etc., Cod. Procéd).

Execution des jugements. Nous arrivons à l'examen des modes d'exécution des jugements à Marseille; il faut diviser ici nos explications en deux sections : A, exécutions sur les biens du débiteur; B, exécution sur sa personne.

A. *Exécution sur les biens.*

Les principes de l'exécution sur les biens sont contenus dans le premier chapitre du second livre des statuts.

(1) A Salon, le vaincu payait 18 deniers par livre. (Giraud, t. 2, p. 250.) — A Arles (Stat., chap. 4 et 5) le vaincu payait six deniers s'il était de la ville; les étrangers devaient douze deniers, à moins que dans leur pays on n'exigeât plus ou moins des Arlésiens : « Quod si plus vel minus in eorum curiis extorqueretur nostris, tantumdem in nostra curia extorqueatur ab eis. » (Giraud, 2, p. 187.)

Lorsqu'une dette est établie, ou avouée, le juge ne peut donner que le délai d'un mois pour exécuter, à moins que, par sa nature même, l'obligation n'exige un temps plus long: « Nisi illud factum quod peteretur fieri esset tale quod sui natura, intra tale spatium temporis adempli non posset. » Le juge fixe alors le temps qu'il croit convenable. (Méry et Guindon, t. 3 p. 4.) A Arles on donnait également un mois quand la dette était avouée. (Giraud 2. p. 186.) S'il y avait eu contestation et que le juge n'eut rien décidé de particulier, le délai était à Marseille de quatre mois : « Et si nullum prefixerit tunc intra quatuor menses sententiam exsequatur, nec liceat judici etiam ulterius tempore in condempnacione statuere...» A défaut d'exécution dans ce laps de temps, le débiteur doit venir déclarer devant la justice, en jurant sur les évangiles, quels sont ses biens s'il en a.

En cas de mensonge et de dissimulation frauduleuse d'un bien valant au moins vingt sous, on lui inflige une amende arbitraire au profit de la curie. (Méry et Guindon, t. 3, p. 4.) Le juge envoie alors le créancier, avec des huissiers, au domicile du débiteur pour voir s'il a des meubles et un notaire greffier en dresse immédiatement un inventaire.

On recherche également s'il y a d'autres meubles hors du domicile.

S'il n'y a pas de saisie revendication, le juge fait appréhender une quantité de meubles suffisante pour payer la dette ou pour représenter la valeur vénale de la chose réclamée.

Si le débiteur offre pour se libérer des meubles morts ou vifs et que le créancier soit décidé à les accepter, on fait faire une estimation par les experts jurés de Marseille (liv. 2, chap. 24). On n'a qu'une année pour attaquer l'estimation et prouver que les experts s'étaient laissés corrompre, ou bien qu'il y a eu pour le débiteur une lésion de plus de moitié.

Quand il s'agit de l'estimation des biens d'un absent, il a trois ans après son retour pour réclamer (liv. 2, chap. 24).

Lorsque le créancier ne veut pas accepter des meubles

en paiement, il faut en venir à la vente à l'encan, en présence de l'huissier de la curie ; l'adjudication se fait au plus offrant et dernier enchérisseur; on paie les dettes avec le produit de la vente.

Cependant on laisse au débiteur : un de ses habits, le moins bon; les ustensiles de ménage nécessaires à l'usage quotidien et un lit. Il est bien spécifié qu'il ne peut pas garder ses tonneaux et autres vaisseaux vinéaires.

S'il s'agit d'une personne vile ayant un seul habit, ou un manteau, ou un objet soit en or soit en argent, valant le double de la dette, elle devra remettre cette chose au créancier à titre de gage.

Quand personne ne veut acheter les meubles mis en vente, le créancier peut se les faire adjuger sur estimation jusqu'à concurrence de ce qui lui est dû, ou bien demander son paiement sur les immeubles, s'il y en a. Mais on doit toujours commencer par saisir les meubles (conf. art. 2206 et 2207, Code Napoléon). Cette obligation n'existe aujourd'hui que vis-à-vis des mineurs.

Les immeubles ne sont vendus qu'un mois après le commandement; on fait faire trois proclamations à trois jours de distance par le crieur public et cela dans toute la ville de Marseille.

Le crieur annonce que ceux qui voudront acheter les biens de tel individu devront se rendre au tribunal à un jour désigné et se faire inscrire. Quand on vend seulement un objet déterminé on en fait mention.

Le juge qui a ordonné la criée ou son substitut, fait inscrire : l'an, le jour, l'heure, le lieu et le montant de chacune des offres qui sont présentées.

L'offre faite en personne ou par un notaire ne peut plus être retirée ; à la fin du mois le bien est adjugé au plus offrant, on partage le prix entre les créanciers en respectant les priviléges conformément à la loi (1).

Les statuts supposent encore le cas où personne n'a mis aux enchères pour les immeubles ; les créanciers peuvent

(1) Cette mention des priviléges contient un renvoi implicite à la théorie du Droit romain sur les gages, les hypothèques et les priviléges. (V. notre Traité de Droit romain, tome 2, page 104 et suiv.

alors les prendre en paiement suivant l'estimation faite par les experts jurés et après une déclaration du juge. Les statuts font remarquer que si le créancier peut être désintéressé par la prise de partie d'un jardin ou d'une maison, on ne lui donnera pas toute la façade, *fronteria*, mais on divisera en longueur : « In tantum quantum res-illa extenditur in profundum usque ad satisfactionem sui debiti. » Peu importe que le débiteur soit présent ou absent ; la justice fera faire l'estimation et mettra le créancier en possession.

On calcule toujours dans les adjudications de biens par *datio in solutum*, le capital, les frais et un tiers en sus à titre de dommages et intérêts ; à moins cependant qu'il n'y ait des conventions particulières entre les parties sur les indemnités et les clauses pénales ; alors on se conforme à ce qui a été fait. (Liv. 2, chap. 1.—Méry et Guindon, tome 3, pag. 19).

Du reste après l'ajudication faite à titre de paiement au créancier, le débiteur *a quatre* mois pour rembourser la dette et les frais. Le créancier doit même imputer sur ce qui lui est dû les fruits et les revenus perçus pendant ce délai. Il résulte de là, que la translation de propriété a lieu seulement sous condition résolutoire; pendant ces quatre mois le créancier ne peut ni engager, ni aliéner les biens au préjudice du débiteur qui viendrait exercer le retrait. Les tiers qui croiraient avoir acquis des droits, les verraient disparaître. (Liv. 2, chap. 1—Méry et Guindon, tome 3, page 23.) Une autre conséquence de cette résolution possible, c'est que le treizain et le droit de lods ne sont dus à celui qui a la directe, qu'après l'expiration des quatre mois.

Le créancier qu'on paie doit faire une déclaration de rétrocession devant un notaire ; s'il refuse il sera contraint par le juge.

Nous avons déjà fait remarquer, que l'on doit suivre l'ordre des créances privilégiées sur les meubles ; cela est également applicable aux immeubles dont on prononce l'envoi en possession. Le détenteur serait obligé de les rendre aux créanciers ayant des droits de préférence ; cependant il peut exiger que l'on commence par discuter les biens restés aux mains du débiteur.

On ne peut pas contraindre les créanciers à recevoir en paiement des créances, ou des actions réelles contre les tiers, cela se comprend ; les biens meubles ou immeubles ont une valeur actuelle qu'il est possible de déterminer, tandis que la solvabilité des débiteurs délégués est sujette à des variations de tous les jours.

B. *Exécution sur les personnes.*

Les créanciers qui ne trouvent pas dans le patrimoine du débiteur de quoi se satisfaire, font prononcer contre lui l'HOSTAGIUM qui constitue une sorte de contrainte par corps toute spéciale (1). (Liv. 2, chap. 1X.) 18

L'*Hostagium* n'est applicable qu'au débiteur pubère qui a juré qu'il n'avait pas de quoi payer : il consiste dans l'obligation de ne pas sortir d'un quartier désigné ; on jure de ne pas franchir ses limites.

Les statuts de Marseille indiquent les rues consacrées à l'hostagium : « Terminos autem tenendi hostagia, per hoc statutum assignamus masculis debitoribus, quos terminos hujus modi ponimus videlicet. In carriera palacii Massiliæ, ex parte occidentis quatenus extenditur illa facies palacii et plateæ ibidem, et in domibus ejusdem carrieriæ quantum extenditur dictum palacium et cum platea a facie palacii quæ respicit occidentem, et ista loca modo assignata faciat dicta curia ab hostagiariis observari quando jussu judicis debitores ad tenendum hostagia compellentur. » (Méry et Guindon, t. 3. p. 11.)

(1) Conf. Arles, — chap. 120 — de hostagiis tenendis. — Aix : de condemnatis quod teneant hostagia — (Giraud t. 2, p. 20 et 227).

En Bretagne on retrouve une institution analogue, — celui qui a obligé son corps à tenir ostage pour dette civile, après l'intimation à lui faite de satisfaire à l'obligation, si l'obligé ne satisfait, le créancier le peut faire arrêter par justice en certaine ville et là tiendra arrest. Et s'il advenait qu'il enfreignit le dist arrest, le créancier le peut faire constituer prisonnier en maison fermée. » (coutume, art. 117). Dans les articles suivants on dit qu'on ne pouvait faire ostager autrui que dans les villes où l'on trouvait pain, vin et autres vivres nécessaires. Le créancier devait nourrir le débiteur à l'ordonnance de justice, c'est-à-dire, ajoute d'Argentré, à la petite pension. — Celui qui faisait cession de biens ne pouvait être retenu en ostage, que pendant le temps nécessaire pour exécuter sur ses biens. — Voir d'Argentré, *coutume de Bretagne*, page 491).

Celui qui est en *hostagium* ne peut sortir du quartier indiqué que du consentement du créancier non payé, il y a cependant des exceptions à cette règle.

D'abord le débiteur peut aller une fois par jour, prier à l'église la plus rapprochée. A Marseille c'était, d'après ce que nous venons de voir, Notre-Dame-des-Accoules, ou St-Sauveur. Puis on lui permettait d'aller à certains jours dans sa maison, ainsi : depuis le dimanche de Pâques jusqu'au mardi soir ; le dimanche et le lundi de la Pentecôte; depuis la veille de Noël jusqu'à la Circoncision. (Méry et Guindon, tome 3, page 12.) Il y avait encore permission de rompre *l'hostagium* quand on était appelé en justice comme témoin, ou pour jurer *de calumnia*, ou enfin pour figurer dans un procès où l'on n'admettait pas de représentants, comme dans les questions d'état.

La femme débitrice tenait l'*hostagium* dans sa maison ou dans celle de son père, de sa mère, de son ascendant, de son mari, de son frère, etc.

Tous les débiteurs peuvent être soumis à cette contrainte qui dure : « Donec de prædicto debito secundum quod dictum est creditor fuerit satisfactum. » (Méry et Guindon, tome 3, page 13.)

Celui qui viole le serment de rester dans le quartier désigné paie chaque fois une amende de dix sous. Quand l'absence a duré huit jours, le recteur fait mettre le débiteur en prison pour y rester jusqu'au paiement de la dette.

Cette contrainte perpétuelle paraît rigoureuse et cependant elle constituait seulement une mise aux arrêts, pendant laquelle le débiteur pouvait travailler pour nourrir sa famille et gagner de quoi payer ses créanciers ; tandis que, dans le système moderne, en privant entièrement le débiteur de sa liberté on le réduit à l'impuissance pendant le temps fixé par la loi (1).

(1). A Toulouse, en 1197, le débiteur était d'abord renfermé huit jours dans la maison du viguier, puis livré au créancier qui le tenait *in ferris* et ne lui devait pour nourriture que de l'eau et du pain. Mais les 2/3 des consuls pouvaient lui faire rendre la liberté (v. *Mémoires de l'Académie de Toulouse*, 1857, p. 163 — (add. assises de Jérusalem. — « La cort le doit livrer à celui qui li vendit le cheval ; et celui le deit tenir en sa prison comme chrestien et il

Il résulte des textes recueillis à la suite des statuts par MM. Méry et Guindon que la législation sur l'*hostagium* avait été remplacée par l'emprisonnement. On lit dans le tome IV page 269 : « Constituimus firmiter observandum ut quamvis debitores *bonis cesserint et cedant bonis suis*, nichilominus in carcerem *regium* intrudantur; tamdiu in eo carcere moraturi donec fuerit eorum creditor de debitis in integrum satisfactum. » Dans le même livre au chapitre vingt, voté en l'an 1279 aux calendes de février on impose au créancier l'obligation de fournir des aliments au débiteur emprisonné : « Si debitor non solvat et intrudatur in carcerem tenetur creditor singulis diebus illi dare pro pane et aqua *unum denarium* tantum, et ibidem tamdiu custodiatur donec creditori satisfaciat in suo debito et expensis. » (Méry et Guindon, tome 4, page 259.)

CHAPITRE II.

Droit Pénal.

Nous avons eu souvent l'occasion de mentionner dans les statuts des peines arbitraires, or, on peut juger par ce fait une législation pénale et dire qu'elle est mauvaise puisque l'on ne sait jamais si la répression sera dans une juste proportion avec le délit. — A ce premier point de vue les statuts nous paraissent susceptibles de critique; ajoutons qu'il y a certaines peines immorales, comme le fouet donné en public ; d'autres cruelles et enfantines comme la cale donnée au blasphémateur *tout habillé*, autant de fois qu'il aura blasphémé, etc.

deit donner à manger. » (Beugnot, t. 2, p. 40). Dans les coutumes de Beauvoisis, le débiteur n'était soumis à la contrainte par corps que : « s'il a par lettres son cors obligé à tenir prison, se che n'est por le dete de le roi ou le conte.» (Beaumanoir, chap. 24, § 12).

Ce qui est curieux c'est de retrouver au treizième siècle et dans les lois de Marseille des vestiges de droit Germanique laissés par les Ostrogoths et les Wisigoths ; nous voulons parler du *Whergeld* et du *Bannum* (1).

On sait que le Whergeld était la somme payée par l'auteur d'un délit, soit à celui qui en avait souffert, soit à sa famille. Le *Bannum* c'est l'amende payée à la commune.

Les statuts déclarent que si le coupable d'un meurtre s'est enfui et qu'il ne puisse pas être saisi, il ne pourra pas rentrer à Marseille sans avoir *composé* avec la famille et payé le *bannum* à la commune (liv. 5, chap. 25). Nous avons déjà cité ce texte dans notre introduction.

Mais à côté de la critique, il faut placer l'éloge pour certaines dispositions parfaitement rationnelles ; ainsi ; les statuts proclament la responsabilité purement individuelle comme dans les lois de Moïse ; le chapitre 28 du cinquième livre est intitulé : « De parentibus pro filiis et e converso non mulctandis. » ; le droit de libre défense est reconnu dans le chapitre vingt-neuf du même livre : « Ut quilibet audiatur a rectore suo ad sui defensionem. »

On admettait en principe que les accusés pouvaient rester libres sous caution : « Et quod nemo detineatur in palacio pro aliqua causa, qui potuerit satisdare, nisi tale esset delictum quod ejus persona non esset fidejussoribus committenda » (liv. 5, chap. 30 in fine). Mais on ne dit pas quels sont les délits mis ainsi hors de la règle.

On sait que chez les Romains et chez les Germains, on appliquait difficilement la poursuite d'office pour les délits qui ne concernaient que les particuliers ; dans les statuts de Marseille, l'action publique et l'action privée sont toutes les deux admises et on emploie l'une *ou* l'autre au choix du plaignant. C'est ce qui est établi dans le premier chapitre du cinquième livre : « Inquiratur utrum ordinario jure velit agere, vel per *officium* ea inquiri postulet et puniri. « Si le plaignant opte pour la poursuite d'office, il n'est plus recevable à agir en son nom personnel, c'est la

(1) Cela se retrouve dans le PETRUS, ouvrage du onzième siècle : dans le livre 3, chap. 36 on mentionne, pour le sacrilége, la peine de trente livres d'argent, comme composition établie par Charlemagne (add. liv. 3, chap. 48).

curia qui recherche et punit le délinquant : « Pro ut visum fuerit expedire. » Cependant si la partie a déclaré vouloir agir civilement et qu'elle reste dans l'inaction, la justice poursuivra quand il y aura délit grave; il ne peut pas dépendre d'un particulier d'assurer l'impunité à un coupable : « Ne maleficia impunita remaneant, et ne possit quies popularium et civitatis tranquillitas pertubari. »

Les accusés devaient être appelés au palais pour se défendre; quand on voulait faire entendre des témoins contre eux, ils avaient le droit de demander copie des dépositions à leurs frais pour pouvoir les discuter.

L'opposition aux condamnations par défaut n'était admise qu'à la charge de prouver qu'il y avait eu impossibilité de comparaître. (Méry et Guindon, tom. 4, page 152.)

Nous n'avons pas de renseignements précis sur la procédure criminelle à Marseille ; il n'est pas probable qu'on employât le système des ordalies et du duel judiciaire qui étaient surtout d'origine germanique; mais il est à croire qu'on se servait de la torture comme cela avait déjà lieu en droit Romain, et comme cela était appliqué dans toute l'Europe au treizième siècle.

Le chapitre 42 du cinquième livre est intitulé : « Quæ forma condempaciones a modo fieri debeant. » On y dit que les condamnations pécuniaires doivent être prononcées : « *Presente rectore* et judice palacii et judicibus curiarum Massiliæ communis et syndicis, vel uno ex syndicis vel uno ex clavariis, vel majore parte ex eis et septimanariis vel majore parte eorum, et condempnaciones factæ seu approbatæ a prædictis personis firmæ et ratæ sint, adeo quod non possint remitti, deminui vel augeri. « On ne peut pas siéger parmi les juges criminels quand on est parent de l'accusé jusqu'au degré de cousin germain. L'inimitié bien établie est également une cause de récusation.

Tous les trois mois on lit en assemblée publique les condamnations pécuniaires qui ont été prononcées : « De condempnacionibus recitandis fiat publicum parlamentum. »

Le juge du palais statuait sur les affaires criminelles soit comme assesseur du recteur, soit comme juge unique : « Ad officium ejus.... omnium quæstionum tam criminalium quam civilium audientiam, cognicionem et definitionem volumus pertinere » (liv. 1, chap. 3). Nous avons vu, au contraire, que les deux juges de la commune n'avaient pas la juridiction criminelle. (Méry et Guindon, t. 2 pag. 145.)

Pour compléter ces notions sur le droit criminel, il suffit de rappeler ici quelques exemples des pénalités appliquées, nous ne croyons pas utile de résumer tous les cas contenus dans les statuts.

Ceux qui ont injurié des personnes et qui ne paient pas la somme fixée par le juge, sont fouettés, *nudis carnibus*, sur la place publique entre tierces et vêpres. L'insulté peut faire grâce du fouet (liv. 5, chap. 3).

Les auteurs des complots contre la ville sont exilés, les chefs pour cinq ans, les autres pour deux ans (liv. 5, chap. 6).

Défense est faite de se coaliser avec serment pour acheter ou vendre certaines choses, pour travailler ou ne pas travailler. Si l'on s'est coalisé sans la permission du recteur, on encourt une amende de vingt sous, qui est portée à cent sous quand on ne se sépare pas au premier avis de l'autorité (liv. 5, chap. 7).

Les maisons de jeu, *tricharia*, sont défendues à Marseille. On refuse toute action à ceux qui prêtent de l'argent pour jouer et on leur ordonne de rendre les gages reçus; on les condamne en outre à une amende égale aux sommes prêtées. Une peine arbitraire est infligée à ceux qui tiennent les maisons de jeu (v. liv. 5, chap. 9, 10, 11). Nous savons que les filles publiques qui portent certains vêtements doivent dix sous d'amende et sont fouettées si elles ne peuvent pas payer (v. liv. 5., chap. 12).

Le chapitre 19 du cinquième livre intitulé de Banno, c'est-à-dire des amendes, contient une longue énumération des peines pécuniaires prononcées à l'occasion de certaines contraventions : celui qui chasse chez autrui paie 10 sous s'il est à cheval, 5 sous s'il est à pied; le voleur de raisin paie 6 sous par grappe prise pendant la nuit, 3 sous si le fait a eu lieu dans le jour. On le fouette quand il ne peut pas payer. Pour un animal qu'on laisse entrer dans un terrain clos 6 deniers etc....

Les amendes rurales sont partagées en trois portions : l'une pour le garde champêtre, l'autre pour le receveur des amendes, la troisième pour la commune. Mais on commence toujours par indemniser le particulier qui a souffert du fait à l'occasion duquel on a prononcé l'amende.

Ceux qui altèrent ou sophistiquent les marchandises ou denrées alimentaires sont soumis à une peine arbitraire. Il y a trois inspecteurs pour surveiller les ballots qui sont envoyés en France, afin d'éviter qu'il n'y ait des tromperies (liv. 5, chap. 21).

Il y a également une peine arbitraire contre ceux qui prennent dans les actes de faux noms ou de fausses qualités (liv. 5, tit. 23).

Nous arrêtons ici notre travail sur les statuts de Marseille. Quant à leur destinée dans les siècles qui suivront, nous avons déjà dit qu'il fallait distinguer ; la partie politique sera singulièrement modifiée par les empiétements d'abord des comtes de Provence, puis ensuite des rois de France ; la partie civile durera plus longtemps, mais elle subira, elle aussi, des changements notables à mesure que la société se transformera et que l'unité nationale viendra remplacer les anciennes divisions provinciales.

Quant à nous, tout en rendant justice aux efforts de nos anciens, nous ne regrettons aucunement ces fractionnements du pays qui ne faisaient qu'entraver la marche du progrès ; nous aimons à étudier les anciens statuts, non pas seulement pour nous faire *laudatores temporis acti*, mais surtout pour constater que les sociétés vont toujours en avant. — Certes nous sommes charmés de la symétrie que présentait sous certains points de vue l'organisation spéciale de la ville vice-comitale du treizième siècle, mais nous préférons Marseille commune au dix-neuvième siècle, comme nous préférons la Canebière d'aujourd'hui au Plan Formiguier de cette époque.

TABLE DES MATIÈRES.

Marseille. — Typ et Lith. ARNAUD et Cie, rue Saint-Ferréol, 57.

www.ingramcontent.com/pod-product-compliance
Ingram Content Group UK Ltd.
Pitfield, Milton Keynes, MK11 3LW, UK
UKHW020600180726
13838UKWH00001B/356

9 782329 402758